无教育法

刘一滨———著

Character
Strength
Happiness

华夏出版社
HUAXIA PUBLISHING HOUSE

图书在版编目（CIP）数据

无教育法 / 刘一滨著. -- 北京：华夏出版社有限公司，2024.6
ISBN 978-7-5222-0613-4

Ⅰ.①无… Ⅱ.①刘… Ⅲ.①家庭教育 Ⅳ.①G78

中国国家版本馆CIP数据核字（2024）第006785号

无教育法

作　　者	刘一滨
策划编辑	陈　迪
责任编辑	杜潇伟
责任印制	刘　洋
美术编辑	殷丽云
出版发行	华夏出版社有限公司
经　　销	新华书店
印　　装	三河市少明印务有限公司
版　　次	2024年6月第1版　2024年6月第1次印刷
开　　本	710×1000　1/16开
印　　张	16.25
字　　数	160千字
定　　价	69.00元

华夏出版社有限公司　社址：北京市东直门外香河园北里4号
邮编：100028　网址：www.hxph.com.cn
电话：010-64663331（转）
投稿合作：010-64672903；hbk801@163.com

若发现本版图书有印装质量问题，请与我社营销中心联系调换

自 序

感谢亲友帮助完成此书，特别是夫人张红红对我秉心而行的理解、支持和陪伴。更要感谢我的一双天赐儿女，给了我人生最大的快乐和满足。

与万千生物一样，繁衍也是人类至高无上的使命。而老天对人的要求太过复杂，所以养孩子就成了一件简单又麻烦、快乐又烦恼、幸福又伤感的事情。没人不想当个好父母，可是要做到这一点，不做系统的学习和训练真的很难。在实际生活中，各种教育方法数不胜数，但能结合具体情况准确将其应用的家长少之又少。例如专家说对待孩子，父母应该"小学重在陪伴，初中重在尊重，高中重在放手"，但是大部分年轻父母为生计疲于奔命，回到家睡觉的时间都不够，如何陪伴孩子？青春期时，孩子处在成熟与稚嫩、独立与依赖的矛盾冲突中，自己的想法都多变，父母如何尊重他？高中时，孩子准备冲刺考大学，竞争激烈，是关乎未来生活的大事，谁敢大撒把？多数家长都不是教育专业毕业，很难长期依照书本并结合实际、保持理性地对待孩子。怎么办呢？有没有更适用的办法，悟透几句话就能在战略层面上搞定这件事；抓住阶段性重点就能比较好地解决具体问题；遇到陌生情况，凭原则就能避免出大错？我思悟并实验十五六年，认为办法还是有的，我把它总结为"3618无教育法"。我不是教育工作从业者，我只是一女一儿两个孩子的父亲，因为爱他们，我下了不少功夫去学习、观察、分析、实践和总结，虽然也有失误、犯过错误，但总体上是成功的。我的成功标准不是耀眼的头衔、名利、声望，而是身心健康、生活幸福、生命精彩。这些标准有人可能感觉太普通，但我认为这就是最成功的人生。我主张的家庭教育，不是有教有育，更不是有教无育，也不是无教无育，而是无教有育。家长对孩子，最重要的是"陪育"而不是管教，是启发而不是指教，是示范而不是说教。如果教和育是成长天平的两端，那么当孩子在学校、社会受的教已经不轻时，家里的育必须加重，最好加到无教的境界。实践告诉我，家庭的无教有育不仅能使孩子健康成长，家长也会因此倍感轻松，阖家欢乐幸福。当然，无教有育真正做好并不简单，但只要家长转变观念，调整心态，用时代精神摆正和孩子的关系，用谦虚的态度尝试无教有育的方法，坚定信心，持之以恒，孩子回报你的将是一个接一个的感动和欣喜。我不奢求书中的建议得到普遍认同，因为理解家庭教育的"无教有育"之道，需要费心深入思辨、用力自我提升，不像按照一二三四条方法来解决孩子出现的问题那么简单。但是，家长按照这些"头疼医头，脚疼医脚"的方法处理问题，容易顾此失彼。要从根子上解决问题仅靠"术"是不够的，还是要参"道"，道通则百通，则应千变皆有术。不得不尔，尽力而为，如果能有几百个孩子因本书受益，我就满足了。

2022.6

目录

序　　　　最美的风景在山顶　　　　　　　　1

[第一部分]
格
第一章　好体格固筑人生基石　　　　003
第二章　好性格走顺生活道路　　　　024
第三章　好人格促进事业成功　　　　044

[第二部分]
力
第四章　智力拉升要激发　　　　　　069
第五章　能力是练出来的　　　　　　095
第六章　辨力提高靠思考　　　　　　115

[第三部分]
福
第七章　种　福　　　　　　　　　　147
第八章　造　福　　　　　　　　　　169
第九章　幸　福　　　　　　　　　　201

后　记　　　　　　　　　　　　　　　237

序　最美的风景在山顶

　　某日凌晨，我正在收看高尔夫英国公开赛的网络直播，关注中国球员昆鹏争夺"葡萄酒壶"奖杯。这时石头儿端着酒走进来说："老爸，喝口啊？"

　　"怎么还没睡，小家伙又起来玩了？"

　　"闹腾两个小时刚睡着，我小时候有这么累人吗？"

　　"这刚哪到哪儿，事还多着呢。马上就开始小叛逆，处理不好让你着急又生气。"

　　"您那个年代会焦虑孩子的教育问题吗？"

　　"焦虑没有过。你姐小时候，老爸因为不懂所以没焦虑；你小时候，因为搞懂了所以不焦虑。"

　　"怎么搞懂的，给我讲讲呗。"

　　"你姐小时候，我还真没细想过怎么教育她，另外，我在军队，一年也见不着她几回。当时认为养孩子是自己的事，教育是学校的事，上课不耽误就行了。她上中学前我才开始鼓励她考中央音乐学院附中，然后考茱莉亚学院，但也只是凭感觉帮你姐规划学业，谈不上系统的家庭教育。所以有很多遗憾，如果她留学前我像现在这样教育她，以你姐姐的天赋，她一定更优秀。"

"姐姐了不起，自己奋斗成了音乐家，她从小就是我的榜样。"

"你出生时，老爸四十六岁，经历的事多了，想的自然也多，觉得教育不简单，不下功夫不行，我就把主要精力用来陪伴你。从医院把你接回家时，我都不敢碰。你早产，体重只有五斤多点，看起来还没有一只猫大。就像你现在一样，我也有很多担忧，也是睡不着觉。但没过一个月我就发现自己错了，婴儿的奇妙是我原来没有注意到的。闭着眼就能找到乳头吃奶，不舒服就大哭求助，舒服了就向着妈妈笑，放进水里天生就会游泳，无法解释的先天免疫力，还有，亲戚们看到你就会自然流露出喜悦和疼爱……这些看起来很平常，但细想又极不简单。那时，你只是个粉嫩的小肉球，不会说话也没有任何能力，居然能令老爸俯首帖耳，甚至付出性命都在所不惜，你说这力量从何而来？当时，我感到婴儿带给我太多无法认知的东西，真不是简单的一张白纸，他携带着海量的信息，是要努力学习才能正确接收到的。所以，孩子应该是父母的老师，首先不是我教育你，而是你教育我。"

儿子笑了："老爸，虽然已经习惯了您的奇谈怪论，但这次说得有点夸张了吧。"

"听我说完你还会感到更夸张。你知道，老爸十四岁当兵，三十四岁脱军装，这样的经历叠加天生的性格，使我成为一个缺少恐惧感还过于自信的人。说话干事冲动冒险、好勇斗狠，心里多少有点对天地不敬、对人神不恭。虽然那二十年没间断过学习与受训，但从没思考过一个基本的问题，就是'我与自然和社会的关系'。你影响老爸的第一件事，就是让我从理性层面体会到什么是'敬畏'，说白了就是让我的成熟度达到年龄段的要求。"

"是啊，老爸，我现在好像也有点小感觉。"

"触动我的是一件小事。因为你长得像我，亲友都遗憾你不像妈妈。人们都认为男孩应该长得像妈妈，但你为什么像爸爸，这遗传指令是谁下的？我翻书找资料，看得多了心里就出现了一种感悟，就是敬畏，对自然的敬畏、对祖先的敬畏甚至对未知的敬畏。当时不敢说顿悟，但我认识到自己的无知自大有多可笑，我感知到以往让我得意的恭维背后有多少讥讽和轻视，我第一次认识到自己的渺小，这让我发生了很大改变，我变得谦恭低调，少了冲动，多了耐心和安静。我也很少喝大酒了，睡觉时间从后半夜提到零点前，吃东西从无肉不欢到荤素搭配平衡饮食，娱乐从追求刺激变为安全适度。这些改变使我的生活祥和自在，多年不见的战友感叹我好像换了个人，说我从野兽变得像教授，看起来比实际年龄小很多。我由衷感谢上天不仅赐我一儿，还派来一师。"

"老爸，我都起鸡皮疙瘩了。"

"别以为我是在恭维你。"

"那您说谁呢？"

"告诉你也未必理解,还是自己悟吧。那时,每天我想的都是怎么供养你。让你健康快乐茁壮成长,学富五车世事洞明,昂首阔步奔向大好前程。不仅是我,每一个家长都这么想,但把养育教育想明白还能做好,那学问就大了。很简单也很复杂,很容易也很艰难。在大多数家庭都有几个甚至十几个孩子的时代,父母辛勤劳动只为养活子女,'放养式'的以大带小的家庭教育也出了不少人才。后来独生子女的时代,子女独享父母所能提供的资源,出生前有胎教,进而是各种兴趣班、特长班,'填鸭式'的教育让孩子和家长都疲惫不堪。'放养'和'填鸭'这两种模式哪个对?放在特定的社会环境里都对,但都有问题,都不是我想要的。我试图寻求第三种方案,但在传统教育思维模式里没找到,只能自己琢磨。煎熬大半年,我终于想明白应该怎么做了。决定之后,我来到婴儿床前,附在你耳边说:'爸爸为你制定了特别的成长路线,可能和大多数孩子不太一样。我不能保证一定成功,但我能保证你会有人生第一个轻松快乐的十八年。'你仿佛听懂了,用小手抓住我的耳朵,一边蹬着小腿儿,一边'嗯嗯'地表示同意。"

"老爸,您拿我当小白鼠还说是我同意的,当时我听得懂吗!"

"当时你是不懂,现在懂了吧?"

"为啥睡不着?还是不太懂呗。"

"那爸爸问你几个问题,你如实回答我。"

"您问吧,真心回答。"

"你对自己经历的生活,特别是十八岁之前,感到幸福吗?"

"深感幸福!"

"快乐吗？"

"大多数时间都很快乐！"

"你自信吗？"

"挺自信的。"

"聪慧吗？"

"还行吧。"

"积极吗？"

"哪方面？"

"全面，思维、行动，工作和生活态度。"

"还算积极。"

"你融入当下社会的体验如何？"

"如鱼得水。"

"这就是我当年对你的成长设定的目标，也是教育方案的原则：以幸福为根本、以快乐为标准、以孩子为老师、以高维度拉升、以内驱力推动、以未来定今天。"

儿子沉默了一会儿，举起酒杯："我有点懂了，谢谢老爸！"

"我孙子能照此办理吗？"

"当然！原则有了，但具体怎么做？"

"当年我给你制定的实施方案是这样的：概括来说是**分六个阶段十二个维度展开**，即把十八年的成长分为六个阶段，每三年为一个阶段，每个阶段分两个维度延展。零到三岁是第一阶段，核心是**体格锻造**；三到六岁是第二阶段，核心是**性格塑造**；六到九岁是第三阶段，核心是**人格打造**；九到十二岁是第四阶段，核心是**智力拉高**；十二到十五岁是第五阶段，核心是**能力推高**；十五到十八岁是第六阶段，核心是**辨力提高**。每个阶段有高低两个维度，直接从高维内容开始，低维操作跟进，并根据效果提前或推迟进入下一阶段的时间。家长对孩子的育，说复杂也复杂，说简单也简单。说复杂是因为家长要做大量自我提升的努力，先要想明白，不明白就学、就问、就思考，明白了就做方案、做预习，全家人统一思想，协调行动。说简单是因为家长的所思、所想、所做只要集中在两个字上，一个是**格**，一个是**力**。格包括体格、性格、人格，力包括智力、能力、辨力。每三年搞好一件事，准备到位应该就比较轻松。因为有了前边的基础，后面会越来越轻松。"

儿子恍然大悟道："我一直想不明白，我的智力和我的同学差不多，为什么总感觉自己比他们先行一步还挺轻松，原来是您这套办法带来的结果。"

"那也不全是，主要还是你自己的努力。"

"老爸，您这种教育理念和方法有名称吗？"

"我斗胆称为无教育法，具体操作简称为'3618'。"

"为什么叫无教育法？是放弃教育吗？"

"不是无教无育，而是无教有育。我说的无教有育仅限于家庭，不包括学校教育和社会教育，是老爸陪伴你们多年的实践和思考。无教，首先是表达我不赞同传统家庭教育的态度。我们的千年传统是君君臣臣父父子子，大多数家长都摆出高高在上的姿态俯视孩子、教训孩子。教，在《说文解字》中谓'上所施下所效也。从攴，从孝。凡教之属皆从教'。在上位的施教，在下位的效仿。我们放眼望去，有多少'上位'具备施教的德行呢？你又让'下位'效仿什么呢？'攴'的本意是'上位'拿鞭子棍子打'下位'，起初说的是奴隶主通过殴打规教奴隶，后来引申为大人拿鞭棍教导小孩，这概念在今天还能接受吗？"

"现在教的解释和奴隶社会、封建社会不同了。"

"但是还有人主张'棍棒底下出孝子'，打孩子的家长还大量存在。即便是不打，手里的棍子没了，但嘴里的鞭子少了吗？抽打在孩子心上无形的鞭子少了吗？不仅没少，我看还多了，甚至超出了孩子所能承受的程度。为什么现在患抑郁症的孩子多了？是因为蘸了水的软鞭子、软棍子打人更狠。还有一些自诩为开明的家长实际上是伪开明，虽然不打不骂，但用不切实际的成绩指标持续对孩子进行心理压迫，把硬暴力变成软暴力，实际上比真的棍棒更可怕。所以我认为，面对孩子，家长的心态要'下位'，用'以儿为师'的言行激发孩子的内驱力，孩子才能积极成长。思来想去，我觉得家庭无教有育'3618'是表达我所思所想比较贴切的名称，您能接受吗？"

儿子笑起来："别'您''您'的，吓着我。无教育法我倍感温暖，当然接受，高兴还来不及呢。但好多亲戚说您对我和姐姐就是宠、惯加忽悠。"

"可以这么说，但绝没这么浅薄。无教育法的宠，不是溺爱，而是赋能；惯，不是纵容，而是包容；忽悠，不是怂恿，而是鼓励。"

"老爸，刚才是开个玩笑。您的宠、惯、忽悠，我深有体会，受益匪浅。"

"这还算句人话，3618你又如何体会？"

"3618多半是和传统教育反着来的，在当时的环境里，您这真是有违常规，但我可是坚决服从的。"

"是，老爸也很幸运有你这么个懂理的孩子，更难得的是有你妈妈的支持。但当时想是想明白了，真去做还是很纠结的。咱们的户口在北京市海淀区，可以去所谓的千金难买的传统好学校，但应试教育的结果我都看清楚了，我不愿意你小小的身板负重千斤，为考取功名悬梁刺股。用社会通行的价值标准判断，我的无教有育理念和方法确实有风险，可能拿不到耀眼的文凭，没有令爸妈虚荣心满足的谈资。但事物都有两面性，也有另外一种可能，就是因为不走'拥挤独木桥'而有更多的人生幸福选择。"

"是呀，我那几个初中转到'高考圣地、清北摇篮'中学的发小，成功没成功的都留有不少遗憾。"

"现在，社会普遍都认同了一点，以知识记忆为检验标准的教育体系，难以大量培养未来真正需要的人才。但十年前大多数家长想不明白，任凭应试体制驱使，把本该行云流水一般的家庭教育搞得疲于奔命。"

"都知道教育是树人，不是打造考试机器，但社会现实是，当时高考甚至中考真决定孩子的命运呀。"

"所以需要有行动的勇气。3618无教育法侧重于给有天赋、有个性的孩子提供成长路径，给基础研究和创造性劳动岗位提供人才。过去，我们的科技文化市场模式主要是模仿、借鉴和跟随西方发达国家；现在，我们越来越多的原发创新被西方学习。为什么？因为教育的变革，因为有了大量的创新型人才。3618就是为适应社会进步而设计的。它不是以知识为主，而是以智慧为主，是追求效率和效益的育人方式，是适应人类科技高速发展的思维和操作，其贯穿始终的主线是身心健康＋创新能力强。"

"老爸，我现在还没什么成就，您失望吗？"

"你前面回答我的就是成就，至于被社会所推崇的成果，需要把握机会，还需要一点运气。但我看到你无时无刻不在努力，还是那句从你懂事开始就常听老爸唠叨的话，成果不重要……"

"努力最重要！"

"无教育法是态度和理念，3618是方式和方法。形象地讲，无教育法的内核是**陪育**，3618的特点是**俯瞰**。还记得你十岁那年，咱们去长野白马山滑雪吗？"

"记得，那时我滑得不好。"

"技术不行胆子大，多陡的坡都敢下。"

"有您跟着就无所畏惧。"

"记得那天我们坐缆车到了山顶，看到还有人抱着滑雪板向山上爬，才知道咱们没有到达最高处，就跟着他们爬了好久终于到达了真正的山顶。放眼望去，不仅风景令人震撼，而且还看清了雪道的全貌，哪一条路怎么走，清楚地展现在眼前。你兴奋地说：'老爸，从这条道滑下去吧。''好，听你的。'那条道在地图上看着很难，我本来不敢走，但站在山顶看到全貌心中就有数了。那一瞬间，我忽然有了感悟，为你制定的成长方案很像眼前的场景：好环境，上山顶；看路径，听孩子的，陪伴前行。3618育人方式也如眼前的场景一样，先站在高处看清全貌，然后是**分阶段地由高维度进入、向低维度延展的降维过程，是视野的升维、实操的降维**。我认为，这是一条快速挖掘人的天赋、实现高效成长的路径。"

"有您这样的老爸，我很幸运。"

"我相信这是大多数孩子希望的成长生活，但遗憾的是，大部分孩子特别是条件好的大中城市里的孩子，被沉重的课内课外作业和辅导班占去了大部分时间，没有时间真正从内心深处去体会和探索自己感兴趣的事物，去主动思考和实践自己想经历的事情。造成这种状态的原因不在孩子，而是家长在传统教育思维的桎梏下难以突破。"

"很多家长不是不明白，而是被社会裹挟，无奈之下只有从众。"

"不尽然，中国传统的教育思想中有抑制'个性'和'冒险'，中规中矩，随波逐流的倾向。大多数家长循规蹈矩，有的是知而自觉，更多的是不知而从。在教育孩子上折射出来的问题，被很多有识之士呼吁了几十年，但收效甚微。记得2019年有一篇对两所名校的新生进行调查的文章，内容很令人吃惊和痛心。这两所汇聚高考骄子的学府，竟然有百分之三十的学生厌恶学习，认为学习没有意义；有百分之四十的学生认为活着没有意义，自己只是按照别人的意愿在活着。孩子的问题归根到底还是家长和教育的问题，**违背孩子天性的、无视孩子天赋的、不顾孩子快乐的教育比比皆是**。家长和学校按照自己的功利目标去约束甚至逼迫孩子，让活生生的孩子失去自我，甚至变成动画片里常见的形象——一个听指挥的人形机器。家长的功利目标仿佛是一座闪着耀眼光芒的金山，考试排名如同一座座通往金山的空气稀薄的火焰山。无数孩子在督战队的催促下拼命去通关，有的中途倒下了，有的坚持爬过了关隘，到达山顶，却发现这座山不是自己心里想爬的那一座。在通关的途中，付出了大量的时间、精力和体力，付出和收获不成正比。记得也是那一年，你表哥从美国回到北京做学术交流，吃饭时他的一句话让我深思许久。他说：'舅舅，说心里话，回想这些年的付出，看看现在的回报，我感觉太不成正比了。'他曾是一个省会城市的中考状元，大学被清华数学系录取，一直读到硕士毕业，后来到美国名校读博士。在无数家长眼中，这是非常亮丽的学历，是被羡慕和推崇的榜样。但他却表示出遗憾和无奈，话语里甚至带着一丝悔意。深入聊我才理解了，他表达的不成正比并非数字概念，而是如果他选择自己内心真正喜欢的事情，不仅会更早成功，而且会更快乐。类似他这样的例子不胜枚举，令人不得不深思。传统的家庭教育方法真的适合科技高速发展的信息时代吗？能适应下一阶段的超级人工智能时代吗？在高新科技越来越改变我们生活的今天，教育一定要从低到高，一步一步像登山一样爬十几二十几年，才让一个孩子成为所谓的标准受过教育的人吗？能不能坐缆车、坐直升机直接到达山顶，然后看清并找到一条最适合自己的道路呢？能不能在最高处看到最美的风景，提前感受需要二十年经历才能感受的人生呢？当时我思考的答案是有很大的可能，因为我们早已不是生活在农业时代、工业时代，不是只有一条路能实现人生理想。信息获取、传递互动的高度便捷极大改变了我们的生活，改变了人类社会，世界越来越透明，人越来越真实，一切都在改变，一切都在创造新的可能。教育的物理学本质不就是信息的传递和反馈吗？如今的信息源数量已是天文数字，传统施教端还那么单一重要吗？我坚定地继续自己的方案，与我理解的所谓'正向传统教育'逆向而行。"

高尔夫英国公开赛练习轮的网络直播结束了，中国选手昆鹏出现在镜头前，他边擦着脸上的雨水边回答记者说："昨天晴朗风力小，我还犹豫要不要坚持特定的比赛方案。但今天后半程风雨交加，好在我做了充分准备，越打越有信心。"

记者说道："遇上这么大的风雨，中国球迷都为你捏了把汗。没想到你的开球没受多大影响，超低弹道小左曲，上球道率超过百分之八十，平均距离三百二十码，看来预定方案是对的。"

"是的，这个方案包括选用特制的一号木杆和弧面推杆、调整挥杆动作，开始大家都不同意，感觉有违常规。现在看来只要坚定信心，稳定发挥，就有希望达成目标。"

"为昆鹏干杯！祝他能顺利晋级。"

伴随着屏幕里昆鹏挥手离开的画面，第一天的父子对话结束，明日再聊。

[第一部分]

格

第166届高尔夫英国公开赛在苏格兰安格斯海岸正式打响，来自世界各地的一百三十九位顶尖选手齐聚卡诺斯蒂这座最艰难的林克斯球场。七千四百零二码狭窄的超长球道，密集的石楠花，粗糙的棘豆丛，设置险恶的罐形沙坑，尤其是无常肆虐的强风夹雨，都是对球员技术、体能和意志的严峻考验。

网络直播镜头对准走上发球台的昆鹏，平静中充满自信的表情写在这个中国年轻球员的脸上。他向鼓掌的观众扶帽致意后，凝视着"恶魔球场"第一洞球道，试挥了几下特别定制的一号木杆。林克斯球场少见的小溪从发球台左前方蜿蜒流向果岭，叠加球道一路向右倾斜的坡度给球员带来了不小的压力。因为是盲洞，所以第一杆打够距离落在球道左侧至关重要，这样才有机会看到整个果岭，为打好第二杆奠定基础。昆鹏粗壮的双腿稳稳扎在地面，肌肉隆起的手臂和宽肩阔胸保持三角形，这样的瞄球站姿使他如古罗马战士雕塑般富有强健的美感。一般东亚球员没有欧美球员高大壮实，但拥有一百八十九厘米的身高、体形健壮的昆鹏不仅毫不逊色，柔韧性似乎比欧美球员更胜一筹。这时他上杆到顶点，肩膀转动约一百度，胯部转动四十五度，球杆指向目标线方向并和左手臂平行，双腿和脊柱角度依然和准备姿势一样，反向扭紧的身体积蓄了强大的爆发力，进而释放击球，再平稳收杆，整个动作标准流畅。击出的小白球沿着球道中线低飞划出一条完美的小左曲线，滚落到三百四十五码的理想区域，现场再一次响起掌声。

石头儿不由自主地叫起来："漂亮！"

"打好第一杆，才是抓鸟的基础保证。"

"是的老爸，好身体也是做好一切的基础保证。您看昆鹏的身体素质，一点也不输欧美球员。"

"昆鹏的爷爷是中医大家，对亲孙子一直呵护备至，特别是在昆鹏零到三岁那一阶段，为他打下了良好的身体基础。"

第一章
好体格固筑人生基石

"老爸，想让孩子体格好，最关键的就是零到三岁这一阶段吧，主要应该做什么呢？"

"要搞清楚这个问题，我们还是从本源上看。人从哪里来？远古部落传说和有神宗教都说人是由神创造的，但是没有证据也推导不出能证实的结果，当然也不能证伪。目前能让人信服的还是进化论，并且科技已经深入基因层面，我们应该从这个维度认知自己。"

"对，人首先是物质的，和万物一样由分子构成，分子组成三十七万亿个人体细胞，构造了人的骨骼、肌肉、脂肪、皮肤、血液等，并由基因赋予遗传信息而成为独特的生命体。"

"人是物质基础上的生命体，其质量表述为体格。体格人人不同，其强弱之分由先天遗传和后天养成决定。先天遗传优劣不可控，后天养成区别于认知和操作。认知有高低之分，操作由认知支配。高维认知来源于对人生命基础深入且整体的了解，并将结论变为个性化的操作方案。一个人从婴儿开始生长，首先依靠喝的水、吃的食物在体内转化而成的能量，停止生长后仍然靠饮食能量维持生命机体运行。所以，喝什么、吃什么、怎么喝、怎么吃、如何将吃喝入肠的能量更好地转化，是让肌体健康运行必要的生存技能。为人长辈，尤其是孩子的父母，不可人云亦云，应当结合所处环境和自身情况掌握实施。"

"那要把握哪些重点呢？"

"这个问题好，要求所有家长都成为育儿专家是不现实的，但为人父母责任重大，虽然不能面面俱到，但方向不能错、重点不能丢。重点是什么，咱们边看球边讨论。"

一岁走过百万年

"人身的基础首先是物质，所以让孩子喝好、吃好并感到安全温暖，是孩子三岁之前家长重点要做的事，其他都在其次，顺其自然即可。育儿方法网上有大量的资料可查，我就不啰唆了，只讲讲自己的一些体会。"

"我可用切身感受来评判您做得对不对。"

"我也请教你，每个人的婴幼儿期，像不像是整个人类进化历

第一部分　格

程的浓缩？"

"当然，从卵子受精到胚胎形成仅仅两个月的时间，相当于完成了人类进化三十五亿年的历史；从孩子出生到直立行走，一般也只有一年多的时间，但这相当于人类从爬行至直立行走三百多万年的历史。"

"明确这一点就能知道，有些我们认为重要的但因为时间点不对反而没那么重要，我们认为不重要的反而应该重视。例如，胎教、早教就没什么大用，倒是吮手指、抓东西、到处爬应该加以关注，因为婴幼儿的这些表现和我们远古祖先很像，是身心健康生长、'快速走完几百万年'必不可少的敏感行为。"

"那么在婴幼儿期，孩子如何养成好体格呢？"

"简单归纳就是一吃二晒三运动。吃什么？首先是母乳，任何食物都替代不了母乳。虽然配方奶粉在科技推动下不断改进，但距离完全复制母乳仍然非常遥远。母乳输送给孩子的不仅是营养和水，还有大量我们知道的活性物质和难以解释的生命信息。"

"是的，例如抗体和微生物，母乳有一项神奇的功能是乳腺导管可以搜集婴儿的唾液，经过免疫系统分析得到婴儿对抗体数量和类型的需要，有的放矢地加以调节。如果配方奶粉也满足这一点，那买奶粉都要配一套超级分析仪。现在，很多婴儿是剖宫产，没有经历产道微生物这一关，给日后健康生长留下了隐患。母乳对弥补这一缺陷能起一定的作用。例如，母乳中含有两百多种婴儿吸收不了的复合糖，没用的东西为什么要提供呢？这似乎不符合人体进化的规律。但这正是自然的奇妙之处，这些复合糖不是给婴儿的营养,而是给婴儿肠道里微生物的美餐。吃好了的微生物又为婴儿的健康生长提供服务,构建起一个完整的互利平衡系统。包括婴儿在吸吮母乳时与母亲皮肤的亲密接触,这也是微生物传递系统的一部分。还有作用于神经系统生长发育的DHA,什么鳕鱼金枪鱼鱼肝油、核桃油、亚麻籽油,都和母乳所含的质量无法相比。DHA对婴儿最初的大脑发育至关重要,但婴儿在出生后第一个月无法自身合成,必须依靠母乳。如果缺少DHA将错过脑中长链多不饱和脂肪酸累积的主要阶段,这一缺失在之后的成长阶段无法弥补,对提升认知能力来说是遗憾。"

"更加神秘的是,母乳在生命情感传递方面的作用以及对婴儿精神世界产生的影响。"

"那么母乳喂养多长时间合适呢?"

"这个因人而异,有条件的可以母乳喂养到两三岁。一般情况下,孩子妈妈自己就会知道何时该断奶了,因为基因会决定这件事,源于继续生育的自然指令,或是乳汁营养满足不了孩子生长的需要。比时长更重要的问题是如何确保母乳的质量,民间老方子很多,比如猪蹄子、鲫鱼汤等。育婴专家也列了各种食谱和营养素。这些都没有错,但不是每个家庭都适用,母亲和婴儿的情况各不相同,地域、经济、气候、体质、习惯等都有差别,有的孩子适合而有的孩子会过敏,因人而异。"

"姥爷姥姥每天煮的杂豆粥,就是营养充足又适合哺乳期妈妈的食物吧?"

"对喽,杂豆粥看起来简单,却是营养丰富的食物。母亲以杂豆粥为主食，辅以禽蛋、果蔬、鱼虾，不仅营养丰富，而且奶量充足。你因为早产，出生时只有五斤多点。你妈妈每天吃杂豆粥，你在这种乳汁的喂养下，发育正常，体格壮实，体重和身高很快就达标了。我们尝到了甜头，所以坚持母乳喂养，一直到你两岁半才断奶。"

"老妈辛苦，姥爷姥姥每天煮粥更辛苦。太感谢他们了。"

"其次，**阳光**是孩子健康成长不可或缺的能量，万物生长靠太阳，这一点人尽皆知，不赘述。补充一点，通过晒太阳可以获取维生素D，它可以提高骨骼健康和钙质水平，但更大的作用是有助于调节大脑和脑脊液中的酶，促进制造神经递质和刺激神经增长。最后是运动，运动最重要的是爬，让孩子能爬多少就爬多少，能爬多久就爬多久。因为人的骨骼结构本来是为爬而设计的，先爬好才能生长发育到位，不能急于走和跑。爬还能有效促进大脑中新的脑细胞神经元网络的生长构建，使孩子更聪明。"

"我的运动协调性还不错，是不是爬的结果？"

"你只在地板上爬不够，还应该在水里爬、泥里爬、雪里爬、山坡爬、沙地爬、草地爬，大一点在树上爬，那才算及格。缺课不怪你，是老爸的问题。"

"我说我不敢爬树，原来是小时候缺这一课。"

"老爸小时候有一次爬树上房差点摔残，所以不敢让你随便爬，现在后悔也没用了，但你儿子不能缺这课。"

"好的，该爬就爬，做好防护。那孩子断奶后正常吃饭，该抓住哪些重点呢？"

"孩子断奶后开始正常吃饭，培养健康、广泛的饮食习惯非常重要。不同国家、民族、地域的人有不同的饮食偏好，尤其幼年养成的习惯终生难改。所以，家长尽量不要给幼儿养成狭小地域的饮食习惯，因为世界一体化的趋势不可逆转，人们生活的流动范围越来越大，很多人将成为世界公民。能否适应不同地域的饮食，对学业、事业都会产生直接影响。"

"对的老爸，我在国外留学、旅行，还真没因为吃饭发过愁，您是怎么做到的？"

"当时我想，什么样的饮食和习惯最有利于你的将来呢？这个还是要从孩子生长发育的规律中求解。孩子不断生长发育，饮食提供的能量在幼儿体内转化成血液、骨骼、器官、神经系统等，纯洁的身体首先需要洁净的水和食物，需要平和、丰富、均衡的营养。具体落实到食物上是六项：粗粮、禽蛋、果蔬、鱼虾、肉类、营养素。强调两点：**一是越接近大自然、不经过一道道转化的食物越有利于婴幼儿**，比如，虾不仅补充优质蛋白质、氨基酸、磷、钙及多种维生素，有利于增强免疫力，而且虾提供的营养容易被幼童吸收，可以让他们适量多吃一点；**二是人造营养素不可乱服**，只有明确缺什么、缺多少的前提下才能适量补充，即便是天然成分合成的营养素，过量摄入也有危害。吃什么解决了，怎么吃才能增强胃口的广适性并养成良好的饮食习惯呢？主要有三点：一是**原汁原味**，少放调料；二是**分餐细嚼慢咽**；三是开吃前要**感谢**提供饮食的人，并要求坐姿端正不说话，食物餐具适当摆盘美观。人生最重要的就是吃喝，所以吃喝的点点滴滴对幼童会产生一辈子的影响。养育是春风化雨润物无声，是重细节无小事。"

"老爸，这个我给您评 A。"

"这个 A 要给姥爷、姥姥和你妈妈，我只是动动嘴，不敢邀功，而且我还要向你检讨，你现在吃相不太好看是老爸没做好示范。"

"哈哈，这点我是很像您。"

"还有，食量的控制很重要，都知道三分饥、七分暖，但很多家长做不到，总怕孩子吃不饱。应该建立一个概念：**喂孩子过饱就是爱的伤害！**水要适量勤喝，幼儿易内热，水量要充分保证，水质要确保洁净，万不可喝有添加成分的饮料，否则幼儿**先天免疫系统将产生混乱**，因为有些人工添加剂是我们的身体一时无法识别和正常消化的。要警惕那些诱人的加工饮食，超甜的、好看的、让人上瘾的，这些东西的背后几乎都有因为商业利益而动的手脚。孩子的身体是他的人生基础，如果基础打不好，就如同一棵小树受了伤，长大了就会是歪的。**孩子的饮食不要考虑感觉、感受，天然味道最好。原则把握一条，就是越纯净、越接近自然，就越有利于孩子的健康。**极端地讲，如果能像我们的祖先一样吃喝那是福分，当然也是奢望。"

"孩子没有选择能力，只有家长搞明白了，孩子才能更健康地成长。"

别给孩子灌"毒"

"现在的孩子多肥胖,有瘦的吧又瘦得可怜,这是因为家长有一件事没做好。"

"哪件?"

"管控糖。"

"家长都知道不能给孩子多吃糖,都控制了呀。"

"知而无道,控而无制,难得其效。我问你,有家长任由孩子吸毒吗?"

"当然没有!"

"有!糖也是可以上瘾的毒物,很多家长不是放任孩子吃喝吗?"

"别说对孩子,家长自己也经不住糖的诱惑。"

"孩子第一次喝甜的、吃甜的,就会形成快乐记忆,可以说是一次上瘾。"

"记得小时候最开心的事就是吃糖,一看见糖,大脑立马一片空白,口水四溅。"

"我请教你,孩子为什么会这样?"

"老爸,三更半夜您这么客气吓着我了。"

"少耍贫嘴,回答我。"

"主要有这么几点原因:一、糖是细胞重要的能量来源,细胞的一切活动所需要的能量,大部分都来源于糖。二、在漫长的进化过程中,人类为了生存需要获得足够的能量。糖类比起其他含糖物质更容易被吸收，能够迅速补充能量，因此人的基因记录了喜欢吃糖这一条。成年人也喜欢吃甜食，更何况一分钟也闲不住的孩子。快速长高长大，身体需要最便捷高效的能量补给，这是生理本能需要，无所谓对错。所以吃多吃少不是问题的关键，关键是要系统地把握平衡：**摄入与消化的平衡，饮食结构的平衡，质量与数量的平衡**。不加控制地过量摄入，就是您说的灌毒了。"

"还有，大人感觉很甜的，孩子感觉就没那么甜，因为孩子的味觉对甜味没有成年人敏感，加上快乐多巴胺推动，所以很容易吃多。"

"吃糖不可怕，可怕的是天天过量吃。人类祖先也从水果和蜂蜜中大量摄取糖，但一年里只有在固定时节能吃到，大部分时间吃不到。现代人因为有了食品精加工，每天每顿都能吃，还想吃多少就吃多少，那能不'中毒'吗？体内过量的碳水化合物消耗不掉，转化成脂肪，存积在皮下，包裹了内脏。我们又不像人类祖先那样终日劳作和经历冬天的饥饿，长此以往，糖值居高不下，平衡糖的胰岛素也形成了抵抗，肝成了脂肪肝，脑成了痴呆脑，血管、心脏也被甜得脆弱了。"

"你刚总结的'摄入与消化的平衡，饮食结构的平衡，质量与数量的平衡'很好。活人离不开糖，俗话说：'人是铁饭是钢，一顿不吃饿得慌。'这主要说的是吃粮食，也就是碳水化合物，但也要尽量少吃。如果馋甜的了可以补充些天然的糖，比如水果是单糖，有**果胶和纤维素**，并且在肝脏中代谢，**缓慢释放糖**就好得多。

可加工饮料和食品中的双糖就不同，会被全身迅速吸收，进入血液，刺激身体分泌大量的胰岛素，使葡萄糖进入细胞，让我们早该休眠的**增肥基因**欢呼雀跃，越吃越上瘾，很多人对糖甚至产生了精神依赖，不能自拔，直到身体出问题。"

"所以控制糖的诱惑、控制摄糖量要从幼童开始。"

"在零到三岁这一阶段，家长不要给孩子吃糖果，饭菜也尽量不加砂糖、绵糖，给孩子养成口轻的习惯。一定要甜味，就用天然的食材解决。吃些甜的水果，但不要榨汁喝，就是你刚说的把纤维素和果胶一起吃下肚，让糖分在身体里缓慢释放。"

"道理家长都懂，但一看孩子馋得可怜心就软了。也有另一种极端，孩子为了吃糖大哭大闹，心硬的家长不是大声斥责就是打屁股，结果一个简单的问题变成家庭矛盾。"

"这都不是正确的处理方式，后一种更糟糕，本来是一个生理需要问题，结果还造成了心理伤害，太不应该了。"

"人从小建立的安全感非常重要，对一生都影响很大。"

"是的，孩子的安全感完全来自家长。从婴儿认识妈妈开始，他对**安全感**的要求就逐步提高，情感交流要及时跟上。有条件的可以经常怀抱孩子并舒缓地对孩子说话，说的内容无关紧要，哼唱唠叨都可以。五六岁以前的孩子有很多不被家长理解的表现，都跟缺乏安全感有关。所以，拥有安全感是孩子身心健康、形成良好性格和人格的基础。由于民族行为习惯，我们生活里缺少拥抱这个动作，这一点应该改变，特别是对孩子。每个孩子都渴望亲人的拥抱，因为在父母怀里，孩子会获得最温暖的安全感。这种安全感是正向能量，会滋润孩子幼小的心灵，促进生理、心理良好发育。"

"老爸，这个我给您评 A+，我对您的怀抱记忆犹新，大一点我还经常骑在您脖子上，极目远眺、居高临下的感觉特别好。"

"哈，把老爸当马骑很威风是吧？"

"是的，姥姥说我是'小祖宗'，当时我真以为自己很了不起。"

"姥姥说得没错，孩子就是'祖宗'。"

基因证明孩子就是"祖宗"

"不只是你姥姥说，很多老辈生气、无奈时都叫孙子辈是'小祖宗'，这一称呼听起来有点谐谑，其实并不简单，遗传学证实孩子携带有不少我们祖先的基因，在这种意义上说，孩子就是祖宗。"

"牛津大学教授理查德·道金斯说过，'所有人继承的所有基因，都来自从未中断过的一连串的成功祖先，毫无例外'。的确，人与人比较，绝大多数特征都相同，如肢体、器官、内脏、体液，没有本质不同。但人与人又千差万别，尤其是相貌，即便是双胞胎也有差异。相同的是人类共有的，孩子无论来源于哪一对父母都是一样。不同的则是源于 DNA 分子中基因的独特碱基序列编码，这才是遗传的核心，这独特的基因就是来自特定祖先的生命印记，这印记不仅非常稳定，而且极其完整。人体内每一个细胞中所含的基因,都有一半来自母亲,另一半来自父亲。两种基因不融合而独立进行重组,向上追溯的话,每一个基因也来自四位祖辈中的一位,来自八位曾祖辈中的一位,以此类推到三十亿年前。从此意义上说,**父母不过是具有生命孕育功能的运输载体**,通过细胞分裂孕育了人类相同的肉体,通过 DNA 分子运输祖先的遗传信息,从而造就了完全不同的子子孙孙。从微观看,几乎每个人都是连接远古的奇迹,由千万亿人体细胞按照特定基因编码指令组合成特定的人,看起来诞生于他的父母,实则是祖先的再生延续,是'祖宗'的一部分。"

"从这点看,将孩子视为私产的父母是多无知,不尊重孩子的家长是多愚蠢。每一个孩子都是从远古祖先那里来的,是肩负着繁衍使命、走向遥远未来的人类精华,是奇迹中的奇迹,应该是所有血亲包括他的父母必须呵护的。"

"老爸,您又奇谈了。"

"可能吧,我刚说的话在很多人耳中是荒唐言论,但相较于那些任意驱使、责罚、打骂、羞辱孩子的荒唐父母,认同这言论应该还明智一些。什么'棍棒底下出孝子''孩子不打不成器',这些封建社会训练奴才的教育理念,至今还有人奉为至宝。你知道面对家长野兽般的吼叫,小孩子的心理是如何反应的吗?因为害怕,孩子会寻找各种办法,包括撒谎、逃避,以求自保,时间久了会因为缺少安全感而畏惧、迟钝甚至封闭,还有另一个极端就是产生暴力倾向。数不胜数的事例证明,大部分在父母辱骂和棍棒下长大的孩子都有性格、人格缺陷。孩子不仅因此丢失了很多本该有的快乐，而且可能会错过难得的人生机遇。当听到那些荒唐父母垂垂老矣才内疚忏悔时，你会感到那也许是祖先愤懑的责罚。我说这些无非是想请荒唐父母重新审视自己和孩子的关系，在生命科学已经认知了基因的时代，我们应当平等对待孩子。如果能以仰视的姿态去养育'小祖宗'，福报将不期而至。"

"老爸放心，我不会打骂您孙子的，他身上带有您还有您的爷爷奶奶和爷爷奶奶的爷爷奶奶的基因，那一巴掌打下去还了得，想想就把我吓个半死。"

"哈哈，知畏惧者明智，行谨慎者无恙。活的躯体和死的躯体就差一口气，所以，了解人体的构造、来历和演化过程，不仅是健康活着的需要，也是把握幸福人生智慧的来源。"

"生而有个阅历丰富的老爸，还真是一件挺幸运的事情。"

"小时候陌生人误以为我是你的爷爷，你当时什么心情？"

"我生气，您呢？"

"我不气，反倒挺高兴，我被误认为是你的爷爷，主要不是因为我的相貌，其实是我对你的态度让陌生人感觉是祖孙关系。那就对了，证明我从内心到外在都遵循了无教育法。"

"我刷您很早的抖音看到一句话'你的孩子能成为你的孩子，是无数个巧合、幸运甚至是未知力量左右的结果。你对他的权利只有爱、呵护、感恩'。后面跟着大量粉丝点赞，说明有很多人认同您的观点。"

"每一个人都是大自然的生命奇迹，有可能成为这一生命奇迹的无数物种都消亡了，在三十亿年的演变调整中，只有人类成为地球的主宰，将来可能成为太阳系、银河系的主宰。每个人的素质都是决定人类整体素质的一部分，每个孩子都有可能成长为影响世界的人。是积极影响还是消极影响，是伟大的人还是罪恶的人，是建造贡献者还是破坏毁灭者，与他们初入人世时肉体、心灵之塑造有很大关系。人类发展危机重重，人造成的危机还需人来化解，每一个父母都肩负着重任，不要小看了自己育子成人的责任和对人类未来的重要性。"

"孩儿谨记，不敢懈怠。"

"虽然极力避免，但我有时说话还是像教师爷，你不反感吗？"

"耳闻其言，则知其微旨而不逆也。"

"尔而立之年即耳顺，早熟也。"

"哈哈……"

屏幕里的镜头上突然出现水点，遥远的卡诺斯蒂球场不出意料地下起了雨。海风把雨水扫到人身上，体感温度骤然下降。昆鹏穿上防雨背心，双臂仍裸露在风雨中，这样有利于保持顺畅挥杆。一场对球员体能和毅力的考验才刚刚开始，后面三天还有更严苛的场景在等待着他们。

苏格兰海岸的雨通常是被疾风裹挟着，一阵就过去了，但今天却有点像中国江南的黄梅雨，淅淅沥沥地下个不停。卡诺斯蒂球场仿佛瞬间变了模样，果岭球道速度慢了下来，长草区更加黏密难打，球的旋转和轨迹都不易准确拿捏。对此，球员的节奏和心理要及时调整，以适应新环境，各种计算也要加入新的变量。除了积极的心态，更要依赖身体的指挥中心——大脑的判断和命令。

大脑三岁到"成年"

"老爸,您知道婴儿为什么一天到晚总是睡觉吗?婴儿的大脑发育太快,没日没夜地生长,每秒钟就有七百多个新的神经做联结。最繁忙的工厂车间,也没有大脑热闹。"

"孩子一岁前,大脑有关视觉、听觉、语言和高级认知的类神经连接基本到位;三岁前,大脑的大部分功能发育完成。所以,零到三岁体格锻造的重中之重是大脑。这是神经网络构建突飞猛进的阶段,所以说是特别关键的一个时期。这一时期营养要全面,睡眠要充足,各种外界刺激训练要跟上,加快突触剪枝,强化各区域神经通路的连接,畅通平衡发育,像一部电脑别断路、短路,像一个城市别塞车拥堵。"

"再问个问题,灵长类这么多物种,为什么人类的幼年、童年时段那么长?"

"因为人脑占身体比例太大,要学习和掌握的知识技能太多,还有经验教训要获取,像猴子那点成长时间根本完不成。所以家长和孩子的高效互动很重要,这是一件争分夺秒的事情。"

"人的大脑在三岁前发育成熟百分之七八十,基本接近成年,到十二岁一般就停止发育了。接着,身体进入高速成长期,两三年间身高长一头很平常,从长高到粗壮这六年多时间,孩子的变化会很大。这阶段,生殖系统也快速成熟,具备了传宗接代的能力,可以从基因层面实现一个人最根本的价值,因而脾气也就跟着大起来,正所谓青春期。"

"好在你大脑发育得好，理性认知、情绪控制都不错，平静度过了青春期，没给老爸找麻烦，也给我度过更年期做了榜样，哈哈。"

"人们的青春期、更年期的特殊现象和激素有关系，目前的研究只能解释个皮毛，但尚未涉及这些特殊表现和大脑的关联。人的大脑太过神奇，被称为平凡的奇迹，平凡到百分之八十都是水，剩下的主要成分是脂肪和蛋白质。这么普通的三种物质，却复杂到即使科技如此发达，我们对大脑的认识也只接触到表层，我们对这个处于寂静黑暗中的器官的了解，就如同人类了解浩瀚宇宙一样那么茫然。您知道吗？大脑里一粒芝麻那么大的皮层，几乎能储存十亿本书，恐怖吧？"

"老爸记性不好，这个没体会。但有一个现象我经常有，跑步很少低血糖，但趴桌子上写东西时间长了就容易哆嗦。"

"大脑几乎二十四小时开工，经常处于饥饿的状态。它只占人体重的百分之二，却消耗百分之二十多的能量。婴儿就更大了，消耗的能量超过百分之六十五，所以千万不要打扰婴幼儿睡觉，睡足了大脑才能发育好。特别要注意的是，幼童玩耍时不能摔了后脑勺，因为小脑在那儿。小脑虽小，但拥有大脑一半多的神经元，人做复杂动作和控制平衡主要依靠小脑，小脑受了伤会影响孩子未来的生活和身体的安全。"

"在你小时候，社会上流行一种西方的育儿思维，认为从婴儿开始就应加速其自主适应能力。例如孩子出生不久就要独自睡一个房间，让孩子接触周围环境，积累感官体验。我不太认同这种方式也没去做,别说是人,就是动物也没这么干的。你看小猫、小狗吃饱了也不离开妈妈,小猴子离开半米就被猴妈一把揽在身边。为什么?主要是为了安全。当然,人的婴幼儿没有被其他动物吃掉的危险,但生理、心理安全问题仍然存在。人为什么睡床上很少掉下来?这是基因记载了先祖睡在树上掉不下来的本领。婴幼儿不离开母亲才安全的基因记忆是一样的,甚至很多小学生向家长要的奖励就是睡在爸爸妈妈中间。有的家长非要在黑暗的夜里让孩子独居一室,难道这比孩子在母亲怀里的心理成长好处更大吗?还有,婴儿最初的深度体验主要是用口尝,抓到什么都放在嘴里尝一尝,你小时候还尝过自己的屁屁。"

"忘了什么滋味,一定是很香,呵呵。"

"远古环境都是自然的,只要没有毒草就随便品尝。现在行吗?身边几乎都是人工化学品,还有变异病毒、超级细菌,孩子的先天免疫系统能有效识别和抵御吗?告诉你媳妇,带孩子就是一件非常辛苦的事,不能让我孙子独居一室、不讲卫生。"

"遵旨。"

"注意表达方式,也别说是老爸的话。"

"明白。"

"还有,让她给孙子适当多吃点油脂多的小鱼小虾、坚果和肥猪肉,脂肪是大脑最好的营养。大鱼大虾尽量少吃,含汞高。坚果有霉点的万不可吃,直接扔掉。采用自然方式喂养的猪一般肥肉多、瘦肉少,适合补脑子,也不会让人长胖。吃肥肉不长肥肉,吃糖才长肥肉。"

"是，好的动物油脂能给大脑发育提供很好的能量，而手的抓握动作给大脑快速具备思考能力提供了方法。除了声音、光线等感觉能促进婴儿大脑的感知能力外，最重要、最关键的是手指特别是大拇指的动作，它使孩子几个月就跨越人类大脑百万年的演化过程。远古人类在食物链中的地位比较低，主要靠昆虫、草木、果实和小动物活命，运气好时能捡到猛兽吃剩的腐肉。但不知什么原因，人类却有个容量很大的脑袋，为了供养这个耗能极高的家伙，不得不没日没夜地寻找食物，发现了蚁窝就捏住枝条钓蜜蚁，站起来就扯下树上的果、拨开蔓叶采摘莓子。腐肉被次等猛兽吃光了，古人就抓起木棒、石头等砸碎骨头吃骨髓。经过两百万年进化，人类的手脑互动创造了奇迹，拇指出现了三块独有的小肌肉，能制造更复杂的工具并精准操作。脑容量增加了一倍多，从嚎叫、丢石块、打手势发展出语言，终于在十万年前爬到食物链的顶端，至今人类智慧的成果已经抵达银河系，这一切都源于那双毛茸茸的粗糙双手迫于生存对大脑的刺激。"

"所以，家长想让孩子聪明，三岁前一定让孩子动手抓够、玩够。在确保安全和卫生的前提下，想摸什么就摸什么，能拆什么就拆什么。万不可这也不能碰那也不能动，错过了脑部发育的关键期，想补都补不回来。"

"老爸放心，我做到不仅让孩子摸和抓，还要同时告诉他摸和抓的东西叫什么、手的触感怎么表达。他大一点后，什么撕纸、翻书、分积木、挤牙膏、捡豆子等所有能动手的都做。两岁以后玩复杂的智力玩具，穿鞋、穿衣服、整理东西，力所能及的都做。"

"还有唱儿歌,这是一件对大脑发育挺重要的事,家长也要坚持做,孩子小就唱给他听,大一点带着他唱。民间有很多哄逗小孩子的儿歌,虽然普通,背后却有很深的科学道理。人类脑部发育有一项是其他灵长类动物都不具备的'联结',那就是个体神经系统适应群体互动的协调联结。虽然社会性动物有很多,但只有人类会因为合作的意愿而拥有同理心,想他人之所想,因为他人的感受而感动,并由此而产生并推动文化的发展。这一切的开端是人的神经系统具有无与伦比的群体协同能力,这种能力也是人具有巨大的集体创造力的基础。这个神经系统能力被称作'社会大脑',唱儿歌是刺激和训练婴幼儿健全社会大脑的好方法。"

"这么复杂的事情,唱儿歌就能帮助解决吗?"

"当然不只是唱儿歌了,和孩子所有的互动,特别是说话,都是重要手段,但唱儿歌是最高效的。我们知道,多说话可以增大孩子的脑神经网络面积,如果加上眼神的交流效果会更好。唱儿歌不仅有语言的促进作用,更高级的是,儿歌的节奏、旋律、手舞足蹈,会从基因中唤醒人类祖先群体协调行动的生理配套源代码。虽然目前对远古人类陶醉于火堆、音乐和舞蹈这一现象没有确定的研究结论,但几乎所有婴儿对节奏鲜明的儿歌反应都是出人意料的,有学者揣测这是人类基因对远古时期火堆歌舞活动的一种记忆回应。"

"可不可以这么理解,音乐和舞蹈主要的社会功能,是通过节奏、旋律把人更有效地聚集起来同步思想和行动。从远古的火堆歌舞到现在体育场万人歌舞晚会，漫长的进化使人的神经系统形成群体相互关联、一致行动的神奇能力，文化也依此加速发展。那么让孩子在三岁前就形成这一能力，为后面'社会大脑'融入社会、按共同规则协调个人行为、优化社会关系、赢得群体认同、成为出色的'社会人'打下坚实的生理基础。"

"呵呵，咱们这话说得太学术了，不就是唱首儿歌吗？"

"您的 3618 说的就是有高维认知、从低维入手，话是啰唆点，但做起来不复杂。"

"同样是唱儿歌，有高维认知和没有高维认知，效果肯定不一样。至于为什么不一样，你做下去就知道了。可以肯定的是，按照 3618 '科学宠惯'出来的孩子，体格和智力都差不了。"

"是啊，像昆鹏这样世界排名前列的运动员我们越来越多，这在过去可是不可想象的。"

> 远方英国公开赛的首日鏖战结束了，昆鹏冲到排行榜并列第七位。卡诺斯蒂球场上空依然阴云密布，天色渐暗，远处的海面变得模糊不清。明日的比赛也如天气一样充满变数，球员如何保持住良好状态、减少失误、稳定发挥，技术已经不是主要因素，关键在于心态。

"老爸，跟您这么一聊，我轻松了好多。孩子出生前我们查了不少资料，越看压力越大。养育教育要做的太多，婴幼儿也要学了这个学那个，初为家长的我真是无所适从。按您的无教育法就简单了，中心只是一件事：锻造好体格。其他顺其自然，布置好环境，让孩子自己去感知。"

"战略上搞清楚，策略就好制定。道通则百通，则应千变皆有术。天快亮了，先睡觉。明晚再聊，呃不，是今晚再聊。"

第二章
好性格走顺生活道路

父子对话第三天。

第166届高尔夫英国公开赛的正赛星期五继续进行,清晨雨停了,但阳光还躲在浓云后面不见踪影,而冷风先导已悄然上岸,人们似乎感觉到裹挟大雨的强风正从海洋深处奔袭而来。观众依然兴致盎然,很多人穿上羽绒服,早早就站到发球台和果岭四周,迎接他们的偶像持杆登场。参赛队员按照分组依次走上第一洞和第十洞梯台,他们大都增添了衣服,有的还换上了毛线帽。电视里,著名高尔夫直播主持哈克正在激情解说:"今天绝对是不容错过的一天,面对糟糕的天气,球员要想获得晋级必须竭尽全力,无论他们准备得如何,今天都必须相信自己已经做得面面俱到了,特别是心理准备。他必须自信,相信自己现有的技术已经足够用了。他必须

> 保持耐心，遇到失误也不沮丧，准备好应对各种意外的弹跳和寒风恶雨。他必须具备完成各种类型击球的能力和想象力，并且怀抱希望，始终以平静的心态面对场上的惊涛骇浪。"

"老爸，解说概括得真不错，在林克斯球场获胜就需要这种品质：想象力、创造力、做球能力以及耐心。"

"是，技术已经退居其次，心态才是减少杆数晋级的关键，所以比拼的是底层素质，特别是性格把控的情绪调节力。"

"老爸，您认为一个人的性格可以重新塑造吗？"

"我认为很难，人在三到六岁这个阶段就完成了对外界态度和行为习惯的心理基础构架，后面的特征都是在这个基础框架中选择附加上的，没有多大的改变空间。"

"那孩子在三到六岁这个阶段，性格塑造是重中之重了？"

"说得没错，其他的都退居其次。所以，这三年家长要精心做好这件事，因为从整个人生过程看，假定外在因素是一定的，性格的确是影响命运的。"

"那什么是好性格呢？"

"高尔夫礼仪第一条是什么？"

"**在意他人**。"

"我认为好性格的第一条就是这个，在意别人的感受，这也是远古人类超越兽类在意识层面的分水岭。性格在社群社会中才有意义，是在人与人交际中产生作用的，从这个角度讲，你的**性格**

其实是别人的感受和评价。"

"心理学有个概念叫同理心,简单讲就是设身处地、将心比心、换位思考、耐心倾听、表达尊重。"

"有同理心是一个人融入社群的基础,同理心强的人会赢得更多尊重、喜爱和信任,也是做领导人的必备条件。三岁的孩子虽然不能具备完整的同理心,但性格中在意他人这一条是构建同理心的基础。"

"老爸,小时候常听到大人夸我懂事,和这条有关系吧?"

"那当然是,性格好的孩子大都有礼貌,会很快赢得陌生人的好感,迅速消除社交障碍,缩短心理距离。"

"还有呢?"

"我认为好性格的第二条是**外向乐观**,虽然孩子的性格没有优劣之分,但没有不好的性格并不等于没有更好的性格。这话听起来有点绕,但在孩子性格塑造上家长一定要想清楚这一点。相比沉默内向的孩子,活泼外向的孩子更易于获得关注。"

"老爸,内向性格的人也很好。据说有人做过一项长达30年的跟踪实验,最后发现内向型的精英是外向型的三倍。"

"这种实验给内向和外向的前提定义一定是错的,外向性格的人的沟通能力一定好过内向性格的人,而善于沟通是精英人士的基本素质。人们通常会把不爱说话的人定义为内向的人,实际上是非常不准确的。绝大多数不爱说话的人不是所谓的沉默而是安静,不是所谓的内向而是缺少外向表达的环境。真正性格内向的精英,只有奇才不需要善于沟通,因为别人会主动与他沟通。

如果你的孩子不是奇才,那就要尽量让孩子形成活泼、外向、乐观的性格。这不一定能帮助孩子成为精英,却能影响孩子的人生幸福。"

"孩子不是一两岁就表现出不同性格吗?见到新鲜事物有的异常兴奋,有的却毫无反应;有的表现出害怕,有的却镇静自若。"

"你说的这个反应不是性格而是气质,气质是与生俱来的,几乎每个人都不一样。**性格形成和气质有强关联**,也正是因为如此,所以要用心塑造孩子好的性格。比如,有的孩子对环境敏感,经常处于对环境安全性的观察和验证中,情绪体验很强烈。如果家长不注意营造温馨和美的家庭环境,而是吵架、打骂、冲突、冷漠,这种家庭的孩子容易发展成十分内向的性格。"

"这么说,塑造活泼、外向、乐观的性格,主要是对抑郁质、黏液质的孩子下功夫。"

"这不一定,但从统计学的角度来说也可以这么讲。古希腊医生希波克拉特认为,由于血液、黄胆汁、黏液、黑胆汁在人体内的比例不同,人形成了多血质、胆汁质、黏液质、抑郁质四种气质。虽然现代科学研究证明了希波克拉特的说法不准确,人的气质是由甲状腺、脑垂体激素、肾上腺、睾丸和卵巢中的间质腺、单胺氧化酶等脑内神经递质这些内分泌腺决定的,但还是古老气质说更易于表达。可见气质主要由遗传和生理决定,而性格是在此基础上受后天环境影响而形成的稳定心理行为特征。遗传分析进一步说就是基因的影响,所以在医学上有'性格基因'的说法,包括'暴力基因''冒险基因''抑郁基因'等。这个说法合理,没有这些基因，人类很难延续到今天。基因对性格影响的研究目前只触及皮毛，随着研究的深入，将有更多成果指导家庭教育。"

"明白了，比如多血质的孩子一般容易兴奋、灵活、反应快，那您觉得这类孩子的性格培养要注重什么？"

"注重情绪控制力和专注力的培养。"

"黏液质呢？"

"注重调动好奇心，多鼓励孩子主动接触和沟通，经常参加表演类的活动。"

"胆汁质呢？"

"着重'慢一拍'教育，经常做'等一等，再想想'的类似训练。你小时候也玩过'我们都是木头人'，这个游戏对胆汁质的孩子就特别好。"

"抑郁质呢？"

"要多给予爱抚，多陪孩子游戏，多鼓励他尝试新事物、结交新朋友。"

"我忘了在哪里看到过卡尔·荣格的说法，大概意思是内向或外向型性格只是获取心理能量的方式不同，外向型性格的人主要是从社交体验中获得能量，内向型性格的人主要通过独处时间获取能量，两者既不冲突，也没什么好坏之分。"

"时代不同了，互联网极大地缩短了人与人沟通的距离，高效的信息交换意味着价值创造的成本收益比提高。对大部分工作领域来说，外向型的人更易于抢占先机、提高收益。当然，在有些需要静下心来研究和创作的领域，内向型的人更有可能获得成果。"

"您的意思是奇才无所谓外向、内向，普通孩子的性格最好是外向一些？"

"假如你第一次帮朋友带两个孩子，一个开朗活泼，跟你有说有笑；另一个离你三尺远，不说不笑，有问不答。你会喜欢哪一个？"

"应该是开朗活泼的。"

"也许接触多了，那个内向的孩子更让你喜欢，但那需要时间。如果第一次认识他们而你口袋里只有一颗糖果，你很有可能悄悄给了那个开朗活泼的孩子，这就是性格影响的概率。"

"所以，要引导内向的孩子从社交中获得心理能量，引导外向的孩子从安静中获得心理能量，这是不是塑造好性格的主要方法？"

"说得对，知道为什么当个好家长不容易了吧。培养孩子每一件事无论大小，不仅要想清楚，还要做到位。"

"所以古人说积行成习、积习成性、积性成命。"

"在孩子三至六岁这个阶段，家长要时时引导孩子的行为。正所谓'行为决定习惯，习惯决定性格，性格决定命运'。好习惯都是从日常生活中养成的，需要不断重复、坚持不懈，直到形成固定的心理行为模式。"

"塑造孩子好性格还有什么？"

"我认为第三条是**大胆**，大胆与人趋利避害的天性是对立的，不长期引导就难以塑造大胆的性格。"

"赞同。躺平已经流行多年，在创新加速的时代，对很多年轻人来说，躺平可能是个借口，他们在性格上是不敢冒险。"

"有可能，对于大多数人来说，人格中缺少勇敢是正常的，不然就没有'英雄'这个词了。而勇敢的基础是性格大胆，对于三至六岁的孩子，塑造其大胆的性格是他们长大后能超越多数人的关键。但大胆不是无知的伴生品，而是直面困难和危险的心理能力，进一步增加应对困难和危险的智力就是勇敢。"

"的确，想在长大后成为精英，人格中缺少勇敢是很难做到的。自信、自省、自励、担责、诚实、抗挫、坚韧等，都需要有勇敢做支撑。"

"你姐姐小时候绰号'林黛玉'，说话细声细气，看起来很柔弱。她十六岁时考上了纽约茱莉亚音乐学校预科，准备一个人独自去留学，亲戚们因为担心都表示反对。但爸爸心里有数，你姐姐虽然看起来柔弱，但内在是个非常勇敢的女孩儿。我带她划橡皮舟，顶着三四级风浪登过荒岛，带她潜水和几条大白鲨并排游过泳，说实话，老爸这经历过几回生死的人当时都感觉毛骨悚然，但她居然敢摸鲨鱼的肚子，因为她知道这些鲨鱼刚吃得很饱，半个月以后才会进食。"

"精彩！我说老姐在纽约蹚得开，原来是温柔的狠角色。"

"在纽约的特长生中学里，有个图书馆的白人老师，他对白人学生网开一面、对亚裔学生刁难不断，结果被你姐告到校董会，然后被辞退了。"

"异国他乡一人闯荡，没点勇敢精神是很难生活好的。"

第一部分　格

"有勇敢精神很重要，如果你姐是个弱女孩儿，她会放弃去当时世界排名第一的音乐学校的机会，也可能会半途而废回家来。不要怕孩子胆大闯祸，几岁的小孩子能闯出什么大祸？放开孩子的手脚，让他们自己大胆去接触、体验好奇的一切，应对感觉困难和有压力的事情，几年就能养成无畏的性格。"

"明白了，记得我小学时，咱们从八方尾根最难的猫跳雪道滑下来，我一路摔了好几次，您问我怕不怕，我说怕，您就拉我坐缆车上去再滑，直到我感觉不怕了方才罢休。"

"勇敢是历练出来的，最好从小就开始练。"

　　遥远的卡诺斯蒂的比赛进入了胶着状态，已经有十七名选手打出红字，分别并列在前十名当中。昆鹏因为一个长草救球增加了两杆，成绩跌落到第二十五名，直播镜头也因此不再对准他。寒冷的海风逐渐增大，雨也跟着下了起来，满场的人慌忙增添雨具。第十三洞是一个一百七十六码的三杆洞，距离虽然短，但很有挑战性。果岭被沙坑围绕，稍有偏差，球就会跌落进去，尤其是果岭正前方的沙坑，仿佛张开血盆大口的野兽等待吞噬飞短的小白球。如果想飞跃沙坑并停在果岭上，就必须打够一定的距离并且打出一个适度的倒旋球。不走运的是这一洞从梯台到果岭始终是顺风，前面大多数好球都因顺风加力飞快地从果岭上滚了下去，落在后面的长草区。与昆鹏同组的阿根廷选手古特雷斯非常幸运，小球第二跳正撞旗杆，一击进洞，满场瞬间响起欢呼声。镜头补播了这一过程，古特雷斯兴奋地把帽子扔向空中，跳起来和球童拥抱。昆鹏也满脸惊喜地跑过去和古特雷斯击掌庆贺，好像自己也打出了一杆进洞，忘了对手又领先了自己两杆。

"老爸您看昆鹏的心态多好，一点也看不出受落后比分的影响，还是那样发自内心的笑。"

"顶级运动员都是调整心态的行家，但到关键时刻还是能分出高下，最后比拼的就是心理状态。良好心理状态的基础是好性格，特别在潜意识主导那要紧的一瞬间，性格会起到决定性的作用。"

"所以在三至六岁这一阶段，塑造好性格当是首要之务，那家长要怎么做才能帮孩子养成好性格呢？"

家庭氛围是性格孵化器

"家庭是否祥和安宁，对婴幼儿的身心影响特别大，因为**人的心智模型是基于外部现实影响而构建**的。"

"孩子在家里听到的、看到的、感受到的融合起来就是家庭氛围，**家庭氛围形成孩子的心理氛围**，心理氛围直接影响孩子的言行，多次重复就会养成习惯并稳定为性格的成分。家庭氛围好，孩子就有安全感；家庭氛围不好，孩子就缺乏安全感。有安全感就能打牢好性格的基础，缺乏安全感就不易打牢基础，从而影响一辈子。"

"家长怎么做才能营造好的家庭氛围呢？"

"首先是**爱抚孩子**，这是最直接的让孩子获得安全感的方法。经常蹲下身，温和地同孩子交流，根据情况抱住他，摸摸他的脑袋、后背，亲亲小脑门、小脸蛋。躺下嬉闹，给孩子当马骑。其次要让孩子感觉到家长**时时在关注他**，不要忙于看手机、打电话或干家务，让孩子感觉被遗忘而产生紧张感。"

"有点累啊，老爸。"

"没办法，带孩子就是又累又要有耐心，但这个是为爱付出。孩子小时候家长多累点，等他长大了家长就省心了。坚持下来你会得到长久的快乐，而且那种快乐无以替代。"

"理解了。"

"对于三到六岁的孩子，营造良好的家庭氛围更关键的是家长不要在孩子面前争吵、谩骂甚至拳脚相向，那将在孩子的心上留下不可愈合的伤口。如果孩子能**经常看到爸爸妈妈相互之间爱的表达**，他的心里会非常甜美，哪怕孩子看到的是假象。"

"夫妻关系一般，为了孩子也要装一装，是吗？"

"那必需的，你们在职场天天演戏，就不能回到家接着给孩子演演吗？"

"对，哄孩子嘛。"

"孩子要哄，但不能经常使用撒谎、蒙骗的办法解决问题，有时为了应急可以用，确实好使，但如果用的次数多了，对孩子形成好性格甚至健全人格的害处更多。孩子最初的信任感都来自家长，如果经常被哄骗，他长大后几乎会对所有人都产生不信任。"

"吓唬孩子是不是伤害更大？"

"很多妈妈会说孩子如何如何就不要他了，尽管她说的是假话，可孩子会当真，会害怕被遗弃，处于极度没有安全感的心理环境里。有的父母甚至把自己的怒气、怨气撒到孩子身上，把孩子当出气筒，那就更不对了。"

"我知道为什么说'龙生龙、凤生凤、老鼠的孩子会打洞'了，就是有什么样的爹妈就有什么样的孩子。"

"真的不是一个人能生出孩子就可以当好父母，只有懂爱、会爱、真正负责的人才可以养育孩子。"

"哈哈！老爸，看来您对打骂孩子深恶痛绝，可我小时候也挨过您一巴掌。"

"夸张了，我只是用两个手指头在你小屁股上打了一下，当时没控制住，后来挺自责的。"

"其实也不疼，就是很害怕。"

"没错，孩子对父母打骂的恐惧大多是心理层面的，那比皮肉之痛伤害更大。长期在打骂中生活的孩子，长大后大概率会出现两个极端，一个是自卑懦弱，一个是反叛暴力。"

"忘了在哪里看过一个专家的统计，说优秀的孩子所处的家庭环境，一般都是平静和谐的；如果一个家庭安全感缺失，那么孩子通常不能集中精力学习。"

"都说孩子是天使，事实真是这样。每个孩子都会给家庭带来幸福和财富，有的甚至是化险为夷、转危为安的机会。但不是所有家长都能认识和把握这种机会，多数是若干年后才恍然大悟。提醒那些初为父母的朋友，把孩子当天使、当财神、当祖宗，终会得到意外之喜。"

"看来无教育法不仅惠及孩子，家长也很受益呀。"

"你很用心地完成自然和人类赋予你的使命,怎会不得到奖赏呢?爱是最简单又最说不清楚的东西。而爱的本质是付出,为孩子付出是最幸福的付出。遗憾的是很多家长不缺少对孩子的爱,但不会爱。所以,**爱的付出不是有爱就可以,而是会爱才可以。**"

"如果限于认知和能力,做不到那么周全,记住一条就是时刻呵护孩子的安全感。"

"再强调一下婴幼儿睡觉的问题,婴儿夜里要睡在妈妈身旁,白天要放一件妈妈的内衣在枕头边,让孩子的嗅觉、触觉能及时感觉到妈妈挨着自己,这样婴幼儿就会有充分的安全感,就会睡得很香甜,大脑发育就好。幼儿要睡在父母床边,最好在大人伸出手就能摸到孩子的地方。不论是动物还是人,最怕的就是睡着了丧失警觉和防护,这是自然属性。人类为避免虫兽侵害,在基因里还记载了对黑暗的恐惧,幼儿不怕菜刀、不怕电源,但都怕黑夜,就证明了这一点。如果幼儿长时间在黑暗、孤独、恐惧中睡眠,容易造成性格、人格方面的问题。有一项心理变态研究发现,晚上习惯搂着孩子睡觉、白天背着抱着孩子的族群中的变态少;相反,孩子出生就单独一个房间、缺少家长搂抱爱抚的族群中的变态多。所以,对待婴幼儿的求抱抱,家长应该立即响应。"

"确实,我刚出国的时候感觉特明显,怪人好像比国内多很多。"

"别让我孙子自己睡觉,你们要陪睡,还要勤换床单被罩,注意卫生。"

"可是白天工作一天，晚上睡不好很疲惫呀。"

"你在爸妈中间睡到三岁，我们抱怨过吗？辛苦也就是两年，忍一忍就过去了。"

"夜里我们睡得太死，怕压着孩子反而不安全。"

"买个婴儿床不就解决了吗？孩子大人都能睡好。"

"我看出来了，孙子比儿子金贵。"

"当然，他初入人世，所有的感觉和认知都是新鲜的、强烈的，都是生长的根基，不可掉以轻心。"

"是呀，最强烈的感受记忆一般都是人生第一次。"

高度重视孩子的第一次

"胎儿降生人世，第一次见到光，第一次吸到空气，第一次感觉到人手的触摸，后面一个又一个第一次，都是孩子感受最强烈和潜意识记忆最牢固的，也是对性格形成影响最大的。很多家长都有忙于纠正孩子的毛病，多半没有把孩子的第一次安排好，以至于后面费了老大劲去改。记得你三岁时，老爸第一次教你写123456，咱们是面对面坐着我写你看。你的小脑袋瓜就是一部照相机，看了两遍就说会了。我说'那你写给我看'，你马上就写完了。我一看就蒙了，你写的全是反的，因为你坐在我对面看到的都是反的。后来纠正半天也没用，直到你上小学一年级还经常写反，你说孩子经历的第一次如果错了是不是很可怕？"

"哈哈，我可真够轴的。"

"**幼儿天生对秩序敏感**，而秩序建立往往是他第一次的经历。比如咱家门外有三条路，第一次抱孩子出门时你走了左边这条路，以后你要从右边走他肯定不干，一定是闹着还从左边走。"

"听姥爷说，我小时候，他推我在院子里转，如果不按熟悉的路线走我就在婴儿车里乱叫打挺儿。"

"孩子从秩序中不仅能获得环境安定感，还会初步建立人与人、人与物、物与物的协调关系，这些都是感知、认识自然和社会的基础，所以第一次经历要正确无误，错了再改就比较难，而且孩子会不安，因为破坏了他因为建立秩序而带来的快乐。"

"同事的孩子三岁了，他们家的东西就不能乱动，一动孩子就哭闹，必须放回原处才行。"

"这么大的孩子正在秩序敏感期，会经常注意到物品小细节的变化。这个阶段也是给孩子**建立正确行为规范**的最佳时期，每件事、每句话都是影响孩子今后发展的基础，在整个教育过程中的效能、效率都是最大的。也就是说，这时候家长一句正确的话胜过以后的几百句，一个正确的示范省了以后的多少堂课。另外，一般情况下，家长尽量尊重孩子，听他的指挥和安排，孩子会非常快乐并建立自信。"

"孩子是不是通过建立秩序来适应环境，并找到自己在环境中的位置？"

"是的，人几乎一生都在找寻和确认自己的位置，孩子也不例外。位置稳定能给人带来平静安定，否则带来的就是慌乱和焦虑。"

家长不能妨碍孩子去做有关秩序的事，应尽量满足孩子的要求，**不要在秩序敏感期频繁改变生活环境**。"

"同事的孩子经常因为大人动了她东西而发脾气，有时妈妈给她穿衣服她也哭闹，非得脱了自己重新穿一遍才行。同事早晨上班着急，好多次为这个迟到。"

"这就是不重视、不尊重孩子建立秩序的要求，妈妈可以留出足够的时间让孩子自己穿衣服，这是难得发展逻辑思维能力的机会，结果被她给破坏了。"

"可不可以理解为主动建立秩序的孩子，其形成分类、排序、对比、时间与空间的逻辑思维能力更强？"

"当然，秩序感进展快的孩子，做事情看起来更加有条不紊，也容易守规矩，大部分画画也好。"

"孩子的第一次正确与否真是太重要了，做对了以后省时省心，做错了费时费力。"

"积行成习，积习成性，积性成命。第一次的行为由孩子建立秩序并形成习惯，而习惯决定性格。正确的行为养成好习惯，好习惯养成好性格。"

"秩序感好的孩子是不是注意力也好？"

"多半会好一些，注意力更珍贵，更要加以保护。当孩子玩耍的时候，特别是一个人玩的时候，不要去打扰他。跟孩子一起玩时，要多引导他观察细节、比对差别、调动想象。当孩子通过观察有所发现并来告诉你时，你要用略带夸张的惊讶表情去求证，然后表扬和谢谢他。"

"我小时候爱琢磨、有自信，都是您用这招骗的吧？"

"怎么是骗呢，老爸是真心拿你当老师，因为孩子更多的是用纯粹的眼光看世界，特别是两三岁的孩子说的话有些是成人根本想不到的，有人解释为天眼神语，孩子忽然冒出来的一两句话会惊掉你的下巴。"

"所以您说好孩子是夸出来的。"

九夸一挫雕琢性格

"没错，特别是性格好的孩子，真是夸出来的，但不是瞎夸、乱夸、随意夸，要夸得明白、夸得准确、夸得适度，不同年龄的孩子有不同夸法，也要有夸有挫，夸和挫的比例要随年龄变化而调整。"

"对于三到六岁的孩子采用什么比例？"

"正常的九夸一挫，特殊的孩子特殊对待。"

"就是夸九次训一次吗？"

"孩子只能夸赞不能训斥，三岁孩子的一挫说的是在多次困难中选一次让其自己面对。"

"对塑造好性格有什么帮助呢？"

"好性格不仅是面对阳光的欢乐，也是承受冷雨的微笑。缺少**面对困难的平静和韧性**，也不能称作好性格。"

"可我对小时候受挫一点记忆都没有，能回忆起的都是夸奖。"

"那就对了，因为你从应对挫折中尝到了更大的快乐和夸赞，所以记住的都是奖励。"

"从夸赞中尝到的一般是多巴胺，而从扛住挫折获得成功中尝到的是内啡肽，对吗？"

"小孩子可能没有这么明确的不同感受，但是夸孩子的确能起到事半功倍的效果，尤其是激发潜能。"

"对于三到六岁的孩子，怎么夸才能是明白、准确和适度的呢？"

"**先树立标杆**，通过绘本、动画片让孩子建立优秀、良好的具体形象概念，知道什么是努力、助人、信用、勇敢、礼貌等你在夸奖中常用词的含义。最有效的做法是家长先做给孩子看，然后告诉孩子如果能做到你会非常开心。"

"孩子都渴求爸爸妈妈的欢心，有时淘气惹祸也都是出于这个原因，但常常遭到训斥、惩罚，不解和委屈不仅伤了孩子的心，甚至扭曲了孩子的性格。按您的办法，孩子先有了标杆，就能避免一些误解。"

"有了标杆就能夸得明白，因为**家长表达的和孩子理解的达成了一致**。夸得准确就是有一说一有二说二，不能扩大范围胡夸乱夸。夸得适度就是不能把标准降得太低，也不能夸得过高，是夸赞不是夸大。让孩子明白得到夸奖不是一件容易的事，是要通过努力才能得到的。"

"我对被您扔起来再接住还有记忆，挺高兴的，好像也是一种被夸奖的感觉。"

"嘴夸再配合些肢体动作效果更好，抱抱孩子摸摸头，亲亲孩子击个掌，可以加倍向孩子传达你的喜悦。"

"那一挫应该怎么做呢？"

"夸赞多了就要找机会让孩子尝尝受挫的滋味，对三到六岁的孩子来说，这滋味是微苦不涩，教给孩子方法他们就能自己解决、平滑通过，并且尝到成功的甜蜜，建立小小的自信。"

"家长不答应过分要求对孩子来说是挫折吗？"

"是，过分的要求都不能答应，而且要斩钉截铁地拒绝。如果是孩子能理解的原因可以讲明，理解不了的就用你的态度告诉他：不可以没余地。"

"让孩子意识到不是所有愿望都能轻易实现。"

"有心的家长能在生活中及时发现锻炼孩子抗挫能力的机会，而且适度利用。循序渐进、缓慢施压、调整夸挫比例。孩子只有在认识困难和感受挫折中，才能培养出不怕挫折克服困难的坚强性格。"

"三岁孩子怕黑，就玩关灯游戏，怕离开家长就玩躲猫猫。"

"给孩子树立了具体的形象榜样，就要在夸奖中，特别是孩子克服困难后及时去类比鼓励，对增加孩子的自信和抗挫能力能起到立竿见影的效果。"

"榜样力量很强大。"

"人类社会有很多神话英雄，以寄托对生存发展的安全期许。孩子也一样，在社会中，**孩子是遭受挫败感、产生痛苦最多的人群，也因此建立使自己强大的心灵目标**。所以，家长应该帮助孩子树立与其年龄段对应的英雄榜样，这是塑造坚强性格的高效途径。"

"曾经有人对中小学生患抑郁症的情况做过调查，约百分之三十的案例是因为幼年时经历挫折打击没有得到正确引导，抗挫能力差，大一点在学业和家长的压力下出现心理问题。"

"人哭着来到世间，注定吃苦与磨难是人生常态。所以，具备豁达、乐观、坚强的性格，不是活得更好的要求，而是活好的必备能力，必须从幼年期就打好基础，武装心灵、磨砺性情。"

"我感觉家庭教育比学校教育还难，学校老师都是从有专业资质的人中选拔出来的，但哪个孩子能选爹妈呀，全凭运气。"

"要求家长都具备专业老师的资质，那是不现实的。家庭教育太复杂，家长又千差万别，很少人能严格按专家、教授详细的指导手册去做。平衡选择就是在理念上搞明白，再把握不同年龄阶段的重点，抓大放小，删繁就简，向孩子学习并从中领悟天意、顺应自然。做对的事情一定是内心感觉轻快的、愉快的、美好的，家庭教育也不例外。如果你当家长当得很累、很烦、很无奈，那一定是理念和方法出了大问题。"

"无教育法就是删繁就简的方法吗？"

"希望对家长们有帮助，起码你这个小白鼠的实验还是不错的。"

"我可是让您老省心了，长这么大惹您生气不超过三次吧？"

"对，谢谢儿子，你青春期时都没撑过老爸，真心是生活有你幸福满满。"

"多次给您小惊喜、大惊喜,是吗?"

"是,老爸也是个俗人,嘴上说结果不重要、努力最重要,但听了别人的夸奖道贺,心里还是美滋滋的很受用。"

"哈哈,那您现在发个红包表示一下。"

"发发发,给我孙子买个小金锁。"

> 此刻的卡诺斯蒂球场寒风减弱,冷雨渐小,球员们仿佛从海水里爬出来一样湿漉漉的,面色泛青。记分牌上已经不见红字,最好成绩也跌落到 +2。昆鹏凭借精准判断、稳定发挥,守住高于标准杆四杆的成绩,排序上升回到并列第七名。在他收获小鸟的第十七洞,镜头给了一个长特写,他擦干雨水的脸上无喜无忧、十分平静,看起来好像是在欣赏风景,而不是在进行激烈的竞争。纵观一众高尔夫顶级运动员,绝大多数都是在和睦、温馨的家庭环境里长大的,几乎都有背着球包陪伴其成长的慈父,个别幼年丧父的球员也会有一个慈父般的教练。这一表面舒缓暗里却波涛汹涌、杀气腾腾的运动,最需要强大的内心、冷静的头脑和顽强的意志,而健康、美好的性格就是这些上佳精神品质的基础。愿每一个纯真的孩子都具有好性格,顺利成长,把握人生、得到幸福。

第三章
好人格促进事业成功

云层被风撕开,阳光如同舞台灯一样照亮了卡诺斯蒂球场,观众的热情亦如添了把火,球员压抑的情绪也瞬间释放,小鸟球在果岭上群飞起来。从后九开球的昆鹏来到第十八洞梯台领先发球。虽然天气晴朗了,但这以严酷著名的一洞,丝毫没有减轻强大气场带给人的压迫感。昆鹏瞄准会所的钟楼,他清楚要在这个四百九十九码的四杆洞保帕抓鸟,开球必须对准钟楼方向。"啪——",小球以一百九十七迈的速度像子弹一样在空中划过,向球道左侧飞去。可能是因为巴里小溪向右前转弯的影响,昆鹏的开球过于偏左,加上运气欠佳小球向左弹跳,滚进了棘豆丛中。热心观众跑到落球点周围帮助找球,裁判员也迅速赶过去。小球很快被找到,但发现已经被找球观众踢出棘豆丛,踩进了短草泥土里,只有不到三分之一露在外面。两个裁判商量之后判定为不可击打,告知昆鹏可以免罚杆抛球。在大赛中,球员往往是一杆之差定胜负,这样的判罚对出

> 现失误的球员是非常有利的。因为无法确定落球点，只要接近即为合理，昆鹏可以选择在规定范围内好打的位置抛球，打第二杆争取保帕，但他没有那么做，而是将球抛在棘豆丛中。裁判问："你确定抛在这里吗？"昆鹏没有一丝犹豫："是的。"观众群响起遗憾的叹息声，随即他们反应过来，理解了昆鹏的做法，那是对高尔夫公平、诚信原则的遵循践行。这一洞，昆鹏打出了超出标准杆两杆，虽然失去了前十的领先优势，但其高尚人格赢得了众多球迷的热烈掌声。电视直播跟拍了全过程，两位比赛解说员也由衷表达了赞赏和钦佩。

"老爸，这一洞又把昆鹏拉回到二十名，他的成绩不会一路下滑影响晋级吧？"

"不会，人格达到这种高度，内心一定非常强大。昆鹏不选择利己的球场规则，而是遵从人格本心的规则，虽然积分榜排位下降，但竞赛能量一定大大提升。我相信他转场后能最少抓三只鸟补回损失，重返前十。"

"但愿如此，人格真有这么大的能量吗？"

"我们常说：'性格决定命运，人格决定成败。'让我们把目光拉回到智人第二次走出非洲，你会看到几十个智人围捕巨大的猛犸象、上百个智人围歼二三十个比他们高大凶猛的尼安德特人。本来瘦小的智人是没有机会走遍世界的，第一次走出非洲就失败了，第二次为什么成功了呢？决定因素是把成百上千的智人组织起来。除了假想神明对集体意识和意志的统一，再就是智人具备了人格力量对集体的凝聚作用。"

"这作用很给力，为人类历史创造出很大的跨越。"

"随着社会发展，我们可以看到，所有成就大业的几乎都是极具人格魅力的人。"

"可不可以这么理解，**人是社会的人，格是社会地位，人格就是人在社会上的地位**。"

"简单理解可以，这地位主要是两方面：一是个体的人在社会生活中表现出独特而相对稳定的精神面貌、思维方式和行事风格的总和；二是人的法律身份和权利资格。但这两方面没有必然联系。"

"所以，人格的高贵与低贱与第一种评判和第二种认证没有必然关系。"

"没有必然关系但有直接影响，人格高尚利于获得更多财富和更大权力。当然，也有富豪和掌权者是卑鄙小人，但那是少数，一般也没有好下场。"

"所以，健全高尚的人格是教育孩子立足社会、成就事业的重要一环。"

"非常重要，零至三岁体格重要，三至六岁性格重要，**六到九岁的重点就是打造良好的人格**。"

"老爸，您是如何打造我的？"

"我把秘诀告诉你，等几年一定要用上。"

"谢谢老爸为我付出那么多，但用在下一代身上还要看适合不适合。"

"好，我说细点，你判断一下。"

"洗耳恭听。"

"你在小学阶段最喜欢的学科是什么？"

"理论物理。"

"这是小孩子普遍喜欢的吗？"

"艰涩难懂，枯燥无味，好像不太普遍。"

"你为什么喜欢呢？"

"不知道，我也奇怪。"

"因为你从能听懂话开始就听关于地球、太阳、月亮、星星、宇宙的故事，看科教片、纪录片。稍大点后，我开始问你各种起源问题，引导你通过观察现象刨根问底，你能回答的会得到夸奖，回答不了的就保留在心里。你识字以后学会了用电脑搜索，我就鼓励你自己寻找答案，并且讲给大人听。很多我们都不懂，自然会表现出惊喜的样子，所以你就更来劲了，越学越深，不知不觉就到了理论物理层面。"

"哇，我费了好大工夫。可学、可玩的那么多，您为什么引导我学物理呢？"

孩子心灵扎什么根

"人是环境的产物，必须适应环境而生存。孩子出生后听到的、看到的、触摸到的都是外在环境，都在头脑里形成记忆，建立概念和关系模型。但这些概念和关系模型大部分是混沌的、模糊不清的，就如同敞开的仓库，不管什么东西都随意丢进去，里面五颜六色、千般万种都掺和在一起。这就需要一套正确的程序进行分拣、归类、整合。孩子长到六岁，头脑仓库已经装进了不少东西，而且还在源源不断地增加，亟须让**概念内涵清晰化、概念外延具体化、概念之间的关系明确化**。"

"世上的程序太多，对孩子用哪套才是正确的呢？"

"问到关键点了，这是所谓教育中最关键的选择。比如打雷是一种环境现象，孩子听到雷声一般都害怕，都有探其究竟的愿望。你大姑家的表哥，五六岁的时候非常害怕雷声，只要一打雷他就把自己关在卫生间里。为了消除他的恐惧，当芯片工程师的大姑父给他从科学的角度讲道理。概念清晰了，他也不怕了。大一点后，他从深入了解雷电的形成和影响，延展到电磁学、气象学、宇宙学。后来他获得了加州大学伯克利分校和斯坦福大学的双博士学位。我们假定大姑父不是搞科学的，而是一个迷信的人，他把打雷解释为地上的人作孽导致天上的神发怒，警告孩子要听话、要信神，你表哥长大也许会从神学院毕业。当然，这只是一种比喻，一声雷不可能决定孩子的成长道路，但你不能否认一套确定程序所建立的概念对人心灵的绝对影响。"

"我明白了，您引导我喜欢物理学，是用科学这套程序构建我的世界观基础。"

"老爸学浅才疏，对太高深的知识体系没能力证实，只能相信科学，科学都是通过证伪得出的最接近真实的结论。科学结论对我们普通人认识世界、解决问题是足够用的，因为世界首先是物质的，而认知世界的科学基础就是物理学。"

"按您的说法，客观看世界也需要童子功？"

"能在六到九岁这个阶段建立正确的世界观，孩子就能对准自己的目标加速奔跑，这是提高孩子成长效率的核能量。"

"世界观是人对整个世界的根本看法，这个年龄的孩子不可能完全建立起来吧？"

"当然，正确的世界观来源于对大自然、人类社会和精神世界系统的正确认识，小孩子不可能一下了解那么多。所以，可以先从物理学开始，**让孩子从世界的物质本质开始了解世界，建立正确的自然观**，进而在正确自然观的指导下了解社会，建立正确的社会观、历史观、价值观和人生观，整体形成正确的世界观体系。"

"放眼望去，目之所及皆是物理；身体力行，生活细节皆是物理。气象万物，势能动能，光电磁场，几乎孩子的所有问题都能用物理学给出答案，而**孩子对物理问题的答案有成人不具备的敏感和理解**。诺奖得主弗兰克·维尔切克说过'万物的原理在婴儿眼中最清晰'。他观察到他的小外孙在吃饭时不小心碰掉勺子，就会紧盯着好奇地探究。如果大人把勺子捡起来放回到孩子手边，他还会故意把它碰掉。这些重复的掉落，便是这个婴儿第一次认识物理。大一点后，他会知道勺子是由物质构成的，勺子掉落是因为地球引力，他的大脑会非常清晰地建立科学思维和基础概念。而这种从零开始认识世界的理想状态，让弗兰克这样顶尖的物理学家都羡慕不已。瑞士心理学家皮亚杰在《发生认识论原理》中讲，儿童对物理的认识有直觉上的'直接理解'，这种直接导致对物理现象及本质的认识和记忆，是成人所不及的。"

"孩子对世界的认识不需要很广、很深，也不需要迅速展开，**就像一棵小树最重要的不是树干、树叶，而是树根**。六到九岁的孩子成长关键是打造好人格，生成正直、善良、美丽的心灵比会说外语、会背九九乘法口诀表重要太多。"

"赞同，但这和学习物理有什么关系呢？"

"善良、美丽的前提是什么？"

"懂了，善良与美丽的前提是真实，物理学给人展现了一个真实的物质世界。"

"通过物理学告诉孩子的，不仅是物质世界的真实和规律，更重要的是**养成孩子客观看世界的思维习惯**，夯实正确世界观的基础，建立较高维度的视角和格局。荀子说'凡人之患，蔽于一曲而暗于大理'，从小能真实、本质、全面地认知世界、观察生活，这孩子长大了就一定差不了。"

"老爸，您看我这么理解对不对：人类文明已经进入加速发展阶段，科学技术的力量日益强大。在这样的时代背景下，一个孩子的幸福成长，离不开心灵的安稳和成熟，而这要依靠由知识和理性思辨扎下的根提供营养。即便这个孩子将来可能会有宗教信仰，那也是透彻认识了物质世界之后的精神选择，和盲目迷信不可同日而语。"

"是的，所以，**打造孩子的好人格，真实是第一要素**。有了真实，孩子的心灵才能生根，才能枝繁叶茂，才能抵御病虫侵害，才能经受风雨磨砺。**信真'真理'，不信假'真理'**。"

"那六岁的孩子怎么学习物理呢？"

"通过孩子的感觉和感受提问题、讲概念、讲原理，孩子眼睛看到的、耳朵听到的、手脚触摸到的、身体感觉到的，都是学习物理的机会。"

"家长不懂怎么办？"

"讲书，看动画片、纪录片，网上搜索。寻找答案不是问题，问题是提出问题和引导孩子提出问题。"

"所以，我们要**学做一个会向孩子提问题的家长，如果能带出一个爱提问题的孩子就更好了**。"

"这个总结好，如果你的孩子长大了缠着你没完没了地提问题，还质疑这个、否定那个，经常说些不中听的话惹你很烦，那你庆幸吧。他很可能是个创造力爆棚的家伙，说不定从哪天起就不断带给你惊喜。"

"我小时候招您烦吗？"

"不烦，我有空就和你聊聊，如果忙就放科教纪录片给你看。"

"我坐得住吗？"

"很多人都以为孩子不爱看科教片，其实不然。成人都看不下去的，孩子反倒看得津津有味。为什么我强调**以孩子为老师？因为孩子的言行会告诉你，他远不是你表面看到的那么简单**。宏观宇宙，微观粒子，同样的画面解说，成人可能觉得枯燥，但孩子会有新奇的感悟。同样的恐龙，成人看到的和孩子看到的就不太一样。"

"明白了，多给孩子看科教纪录片，他看得懂看不懂不用管，因为你不知道孩子大脑的真实反应是什么，你只管放给他看，这是家长要经常做的。"

"对于家长来说，这个做法省时省力，又收效甚佳。"

"可是经常看电视，孩子的视力会受损。"

"相比手机和平板电脑，电视的屏幕大，对孩子视力的伤害并不大，再控制时间和距离就没大问题。"

"这样学物理就简单多了，一般家长都能搞定。"

"但'二般'家长不仅能搞定，还能搞得精彩。"

"怎么精彩？"

"把孩子当老师，躬身向孩子请教答案，时间长了你会发现，孩子真的可以当你的物理老师。尤其是抽象的物理问题，孩子的解答更加简明形象。"

"哈哈，您是通过说我夸您自己吧？"

"我是'三般'，因为你七岁就用笛卡尔的话，教导我如何对待你妈妈的啰唆了。"

"呵呵，七岁就从物理升级到哲学了吗？我封您为'八般'家长。"

"无教育法是高效育儿法，因为主张较早启发孩子自立、自理、自励、自律、自学、自信、自尊和自强。"

"我印象里，那些自励自强的孩子总给人一种阳光挺拔的感觉。"

挺拔的精神之树

"人格健全的孩子，站在你面前就像一棵挺拔的小树，你的赞赏和喜欢会不自觉地溢于言表，这是基于普世价值认同对人格力量的反应。因为人格也是一种精神维度中的机理能量，主体的自我意识、自我控制、情感意志和言行风格，对客体具有无形的影响，有时通俗表述称为人的气场。"

"大多数人的人格特征会通过表情、言行直接显现，孩子不会掩饰就更明显，无论是正向气场还是负向气场，很快就会和接近的人发生互动。所以说，**人格决定了一个人与生活环境是否和谐融洽，也决定了一个人作为社会中一员的安全感、存在感和幸福感**。"

"相由心生，面善多友，正气浩然，得道多助。"

"但是人太复杂，表里不一，花言巧语，多疑善变，这都是常态。"

"所以，健全人格从小打造就更为重要。人格缺陷大的人，往往受环境的影响也大。例如，诚实的人受了欺骗遭到损失，有的依然能保持诚实的品格，而有的却变成骗子甚至是更歹毒的骗子。人格有一定的持久性、稳定性和一致性，但不是一成不变的。一棵树根深苗壮，就不易被风雨击倒。孩子从小就打造出健全良好的人格，也不易被今后生活的艰难所扭曲。他可能遭遇生活的不顺、不公、不利，也会彷徨、懈怠、迷途，但总会找回正路，在自己洒满阳光的精神世界里徜徉。真正成功的人生，不是财富多、权力大，而是心灵长久的美好和喜乐。"

"您说培养孩子，幸福是根本，愚儿我深有感触。以往的诸多不顺，对我内心其实并无太多冲击。持久的幸福感如同一杯清茶，随时散去口中的苦涩，泛起淡淡的回甘。"

"愚儿？哈哈，你个人精，知道的是哄老爸开心，不知道的还真以为你傻。"

"某些方面我还是挺傻的，看人总往好了看，办事总往好了想，所以会吃亏上当。"

"有利必有弊，你的坦诚、善意给了骗子机会，同时也赢得了真心的朋友和信任；你办事积极进取，失误率增加，但成功回报率也增加。"

"也对，人类社会发展还是正向能量大，不然早就湮灭了。对于个体来说，还是老实人不吃亏，否则就没有秩序与祥和。"

"无论家长在现实生活中境遇如何，甚至遭遇冤屈欺辱，都不要把自己一时错误的想法传达给孩子，影响孩子的人格发育。家长的逆境是一时的，但孩子的人生刚开始，不能让他们的精神之树往歪了长。"

"家长真不容易，面对社会中的虚伪、无礼、背叛、嫉妒、自私、欺骗，还要教育孩子诚实、尊重、感恩、豁达、乐观、自律、知耻、自信、勇敢、务实、担责。我们强调培养孩子的共情力和助人为乐精神，但现实生活中常常是你理解别人，得到的回应是误解，你帮助别人，得到的回应是辜负。"

"正常。人类社会出现阶级以后，就形成了两套运行规则：一套是公开的、有序的、正面的、阳光的，另一套是隐蔽的、无序的、侧面的、灰暗的。第一套规则维护桌面的利益，第二套规则套取桌下的利益，具体咱们后面找机会再深入聊。对于十六岁以下的孩子，没必要了解第二套规则，更不能在精神世界中建立第二套规则，因为孩子是单纯的，没有社会资源分配的复杂生活经历，无力处理过于复杂的社会关系问题，理解不了这些就可能造成人格分裂，造成与周围环境的冲突。"

"人类的精神世界在理想中才能使社会持续发展，停留在残酷现实中就会逐步湮灭。孩子代表未来，如果他们从小没在精神世界里建立推动进步、维护美好的规则，而是落入现实利益捆绑的泥坑，这个世界就真的没有希望了。"

"家长不用担心孩子单纯会吃亏，他们在十六到十八岁提高辨别能力不仅来得及，而且因为正能量满满，会站在更高的维度辨识第二套规则，把社会生活处理得更加得心应手。"

"是，十六岁以下孩子的生活大部分围绕家庭展开，所以孩子的心灵对家庭幸福是最重要的。"

时风细雨枝繁叶茂

"让老爸倍感幸福的一点是什么，你知道吗？"

"是我们融洽的家庭关系吧？"

"对，很多家庭父子关系不好，有的甚至死别之时都没解开心结。人不是狮子不是熊，父亲爱儿子也是刻骨铭心的。那为何存在大量的冲突呢？"

"多半是父亲表达爱的方式不对，儿子的原始天性没有升级，精神之树缺少成长。您说如何避免？"

"做父亲的要放下身段，把儿子当朋友处，不当严父当慈父；做儿子的要感恩、要孝敬，这就需要从小打造良好的人格。"

"那谁来做严格的一方呢？"

"让妈妈来。**严母慈父**。"

"哈哈，我说我一有小叛逆，总是老妈黑着脸管束我，您耐心开导我，原来如此。"

"记恨你老妈？"

"丝毫没有。"

"这就对了，儿不嫌母丑也不记母仇。有的孩子会极力反抗严父的管束，甚至记仇。"

"是，对于孩子的心灵培育，父亲最好是浇水施肥的，而把剪枝杀虫的活儿交给妈妈。"

"当然，老爸也是有私心，如果和你把关系搞紧张了，不知道多长时间才能恢复正常。那感觉一定是度日如年，生活质量就很差了。"

"那您就不考虑我们母子关系紧张了咋办？"

"母子关系紧张一般不超过两天就能缓和，尤其是妈妈一掉泪，儿子就崩溃。"

"哈哈，老爸不愧是老江湖。"

"有我在能让你们母子俩关系紧张吗？有问题，老爸三句话就能化解。"

"领教过，每次都是在您的开导下，我主动跟我妈认错。"

"每次认完错是不是感觉特别轻松？"

"轻松又温暖，好像回到襁褓中的感觉。"

"这就是母爱独特的力量，当然前提是妈妈不能过于唠叨，不能歪曲事实，不能通过孩子发泄负面情绪。"

"严母慈父对男孩儿更好，对女孩儿应该是严父慈母吧？"

"通常可以，但慈父慈母更好。"

"整体环境打造孩子的人格，首先是父母的价值取向、言谈举止对孩子的影响最大。其次是自然环境和社会人文环境，古有孟母择邻而居，今天不仅是邻里、学校，还有网络环境、线上社交，这些对孩子的影响更加不可忽视，教育的挑战越来越大。"

"家长和老师不可能每分每秒都盯着孩子，所以要抓住每一个稍纵即逝的时刻，**孩子做错事时是最佳的时机**，是促进他高速成长的机会。"

"孩子犯错误是最考验家长水平的时候。"

"家长理念不同，方式、方法不同，教育犯错的孩子的结果真是天壤之别。"

"有的疾风暴雨，有的寒风冷雨，有的和风细雨，有的无风无雨。"

"你在我这儿感受到的是什么风什么雨？"

"我感觉除了疾风暴雨，后几种都有，算是混合型。"

"风是批评，雨是指导，根据不同情况刮不同的风、下不同的雨。对于原则性强的问题，批评要严肃、指导要明确，比如孩子撒谎、骂人打人、占有别人东西，要让孩子受到震动、得到警示，建立红线意识，避免再犯错。对于原则性不强的问题，和风细雨地讲道理，分析问题找原因，帮助孩子提高认识问题的能力。有了前两种，一般的问题不用管，让孩子自己解决。"

"大原则问题寒风冷雨，小原则问题和风细雨，一般问题无风无雨。"

"切忌疾风暴雨，因为无济于事。小孩子在父母的疾风暴雨面前，因为恐惧只能感受到你的态度，反而听不懂你说什么；大孩子会因为你的态度产生抵触和反抗，听懂了也不会接受你的话。"

"总而言之，什么样的家长育出什么样的孩子。'龙生龙，凤生凤'其实不是说家庭出身，而是说家长的人格、品格是何属性。"

"所以你要教育孩子之前，先对着镜子问自己：'够格吗？懂吗？行吗？'搞清楚再说，否则误己误人。"

"很多初为父母的人没受过这方面的教育，还有的文化程度不够，怎么办？"

"先搞清楚大道理、大原则，具体事符合大道理、大原则的就做，违反的就不做，实在搞不懂就交给懂的人做。历史上曾有很多母亲大字不识，但把孩子培养成了伟大的人物。这些人深情回忆自己的母亲时，共同的说法就是母亲虽然没上过学，但知大理、识大体、讲大礼、顾大局，堪称榜样，是他们人生精神力量的源泉。"

"我看您的无教育法就是大道理，3618就是大原则。"

"过誉了，提供参考而已。"

"我觉得很接地气，简单实用。"

"哄我开心？不过听着还是很舒服啊，毕竟付出了小二十年的努力。"

"亲眼所见，您把自己从一个普通家长逼成专业人士，不容易。"

"老爸是俗人，从俗人的角度讲，培育孩子是投产比最大、回报率最高的事，很多家长为了赚钱忽视了陪伴孩子，其实是非常亏的。孩子表现不好，家长还说辛苦、叫委屈，就是没想明白，你辛辛苦苦赚钱为了什么？有的是糊涂，有的是逃避，殊不知孩子，特别是儿童期的孩子，最需要的不是物质生活多么高级丰富，最需要的是父母的陪伴。"

"人类社会出现家庭几千年了，纵观历史，绝大多数孩子都是和父母厮守在一起成长的。现代社会中，分离成了常态，怎么能保证我们的基因记忆会认同这种状况呢？"

"现代社会快节奏、强竞争、高压力，这样的社会生活环境从家长传导给了孩子。家长为了更高的生活标准而疲于奔命，同时认为孩子不能输在起跑线、学校成绩排名不能落于人后，每天逼了自己逼孩子，严重缺少温馨的陪伴和快乐的交流。全家经常处于精神焦虑困境中不能自拔，成年人都受不了，何况是孩子！人是容易被社会潮流裹挟，但不能随波逐流、舍本逐末。如果你为家庭、为孩子奋斗，不要忘了初心。父母要先给孩子爱和陪伴，然后才是大房子、好学校；千万别搞反了，搞反了，付出就没有意义。两者是平衡的关系，所以，父母**对物质生活标准的设计，要从平衡的角度去考虑、谋划。**"

"听奶奶说，您小时候，她和爷爷没工夫陪孩子，您还因为淘气惹祸经常挨打。"

"哈哈，老爸小时候大部分时间都很快乐，做梦都常常笑醒。那年代没有学习压力，家长淡漠于攀比，孩子每天的状态就是疯玩儿。物质生活虽然匮乏，但人们的心态相对坦然，对孩子的学习没什么严格要求，所以孩子的天性反而得到释放，最大的兴趣就是玩好、玩爽、玩出花样。家长很少加班，都是正点回家，对孩子大部分时间是无风无雨，即使偶尔来点疾风暴雨，孩子也能消化。像我这种淘起来没边的惹祸精，为了玩痛快，挨骂挨打自己也觉得该着。"

"我就幸福多了，只挨过一次打屁股。"

"两个手指轻轻打，一点没使劲，那也被你姥爷瞪眼说了一顿。"

"您小时候还是很'嗨皮'的。应试教育下的孩子就没那种幸福了，小肩膀扛着分数、排名的重任，压力山大。最可怜的是，认为学习不是自己的事，而是家长的事。记得有个搞笑的口号，'我爱学习，学习使我妈快乐'，听得人都心酸。"

"**孩子也有强烈的自我，学习上缺少自我就是缺少了学习的动机和目标。**在人格结构中，'自我'是最重要的组成部分，孩子的'自我'常常会滑落到无意识的'本我'层面，而'本我'受控于本能的快乐，与应试学习的感受相左。但家长不仅无视于此，还按社会理想评价的'超我'来要求孩子，能不造成孩子心理严重的不协调甚至是冲突吗？"

"如何让孩子建立学习是为了自己这一信念呢？"

"为什么说学习要刻苦，要头悬梁锥刺股？因为应试学习本身是不合孩子天性的，是要被逼迫才能坚持的，不是被自己逼迫就是被别人和社会逼迫。孩子的人格体系建立，本质上是为了适应在社会中的生存和发展。所以，六到九岁这个阶段打造健全人格就是关键，打好了后面家长省心省力。比如学习，孩子的信念是为自己学，甚至是带着使命学，这样的孩子，家长不用逼，他人格中的内驱力足够推动自我自主完成学业。"

"要是孩子能达到这种人格高度，当父母的该多么幸福啊！"

"万事有序，序而择要。按照秩序行事，缓急不离重点，养育孩子也是如此，搞错了、搞乱了事倍功半，甚至离目标渐行渐远。"

"道理明白了，可是具体实现很难哪。"

"做对了就不难，家长的言行决定结果。"

用行动说出你的希望

"您的意思是家长要给孩子树立人格榜样吧。"

"在所有影响孩子人格建立的因素中，家长的言行起决定作用。在言行中，行起决定作用。特别是父亲，**你希望孩子成为怎样的人，少用话语多用行动告诉他、引导他、推动他**。话也要说，但要说思考过的话，不能随口就来。一般情况下，家长的话三分毒，因为希望过高，所以言语就过分。家长觉得正常，但孩子会感觉重负，久而久之听到家长的声音都烦，严重的甚至会出现选择性耳聋。但看着家长做就不一样了，小孩子会模仿，大孩子会通过理性认知植入人格体系中。这种影响是孩子主动获取的，而唠叨往往是孩子被动接受的。效率效果如此一比，就立见高下。"

"从自然意义上讲，孩子天生是'完人'，成长后的优点大部分是家长用行动带出来的，缺点是家长用毒话蚀出来的。"

"**爱要充分表达，捧要鼓励到位，训要小心翼翼**，比如孩子手上扎了根小刺，你会用刀挖吗？一定是用镊子，最多用针轻轻拨出来。"

"同意，最好的家庭教育不是管教而是示范，行动为主、言语为辅，说的话是净水而非火药，孩子的耳朵灌满净水，哪怕有火团投进去，也会熄灭而不会爆炸。"

"咱们说具体的人格要素，比如价值观。**家长的价值判断和环境的价值体系决定孩子的价值观，价值观决定孩子未来走的路**，很重要。你希望孩子建立正确的价值观，就要先审视自己的价值观是不是正确。你认为老实人吃亏、说真话倒霉，孩子受影响后大概率说话爱撒谎、做事藏奸耍滑。你希望孩子自尊，先内视自己有没有一颗平视世界的心。你希望孩子有自控力，先看看自己能不能坚持多读书、多运动、少喝酒、少娱乐。你希望孩子有专注力，先让自己集中精力，花时间完成一件件为难的事情。你希望孩子有共情力，你能不能先理解他，想他之所想，急他之所急？你希望孩子有反省力，你向他做过自我批评吗？你希望孩子勇敢坚强，你自己是一个无畏又有韧性的人吗？你希望孩子懂得感恩，你对父母师长孝尊到位吗？"

"每个人都有自己的人格特质，用这么高的标准影响孩子，现实中很难做到吧？"

"这就是孩子出生都一样但长大了千差万别的原因，伟大的父母为了孩子会改变自己，尽量成为完美的人，一般的父母也就随性而为了。但是无论做何选择，一条原则就是，你做不到的不要强迫孩子做到。你不逼他，他有可能还能做到；逼他，不仅你希望的他做不到，连正常能做到的他可能都做不到了。"

"有些家长自己实在做不到，但是在孩子面前装能做到，当面一套背后一套，这样行不行？"

"这样更糟糕，要真实面对孩子，万不可虚伪，也不必掩饰缺陷。**相比虚假，孩子更爱真实的你，也因为你的真实而真实、诚恳**。"

"孩子真是天使，孩子的降临使做了父母的人更加向真向善向美。"

"人类发展的根本动力正在于此，没有任何一件事比这个更重要。做父母的人为孩子让自己变得更好，是为人类的未来做贡献，同时也会获得上天的褒奖。因为有了孩子，你的生活会更健康、更积极、更幸福。你会在有限的生命周期里收获无限的快乐，你会在告别人世的时候，因为生命有延续、有价值、有希望而内心充满安详。"

"一切源于爱孩子,为了爱可以把所有的正能量向爱敞开,所有的负能量向爱妥协,让自己、让家庭、让社会在爱的能量场中和谐温暖、负熵衡态。"

"感动了,老爸也有一首理科男语境表达爱的小诗,很多年以前写给你和姐姐的。"

在远古篝火旁

我和你击石歌唱

三十亿音符螺旋出神韵

建造了无比美丽浩渺的生命长廊

你是一个奇迹

复制平凡而又独特模样

你是冰河流动的水

你是焕发绿洲的太阳

在无垠太空中

我和你平行飞翔

四百亿星团叠加出灿烂

推动了向那黑暗边缘的无畏远航

你是一个奇迹

纵身黑洞而又热烈喷放

你是远方纠缠的你

你是平衡一切的力场

在温暖家园里

我和你携手远方

千万亿个瞬间谱写出诗篇

吟诵了洒满天地持久的爱和希望

你是一个奇迹

无论稚嫩还是聪慧强壮

你是人类生存的根

你是点燃幸福的能量

[第二部分]

力

阳光下的卡诺斯蒂球场人海如潮，果岭上的雨水被海风吹得无影无踪，天气转变令众多选手一时没有适应，出现的三推杆顷刻间改变了排名榜。头脑清醒的球员及时调整击球策略和心理状态，保帕争鸟提升名次。昆鹏转场在第一和第二洞打平标准杆，信心满满地走上第三洞梯台。这是一个三百五十八码 Par 4 洞，虽然距离短但极具欺骗性。看起来简单的第一杆落球区，球落点不准就会滚落进暗藏的筒状沙坑陷阱。这一洞还是整个卡诺斯蒂的最高点，右侧壮丽的海湾一览无余，左侧满眼绿色披着轮廓起伏的光线，令人心旷神怡。昆鹏无暇欣赏美景，他俯身拔起几根干草扔向头顶试试风力和风向，目光沿着小溪从球道左侧一路看到插在果岭右后位置的旗杆，大脑高速运转，推演策略。眼前风险和机会并存，两杆稳妥上果岭争鸟保帕是常规打法，但第一杆直攻果岭成功，就有可能争鹰保鸟，只是难度较大。难点一：开球落点必须超过三百一十码，否则球会掉进横在果岭前的小溪。难点二：球要落在偏左的上坡区域并略带倒旋减速，避免冲出果岭或滚落沙坑，方能借助侧风和坡度使球滚向右后方接近旗杆。昆鹏反复计算由左吹右的四级侧顺风，是否能助力自己三号木杆击出的球多飞行三十码并向右偏离十五码，结论是有百分之八十的可能完成发球直攻果岭策略。他调整呼吸静下心来，抽出三号木杆试挥了几下，找准方向跟上风的节奏大力一击，小白球在空中划过一条优美曲线，在几百双眼睛的跟随下砸在果岭左前，被坡度减缓了冲力后滚向右后位的旗杆，围观球迷瞬间发出惊叹的欢呼声，掌声如雷。在这个经常令人失误的三号洞，昆鹏打了一个精彩的老鹰球，改写了排名榜，使自己重新进入前十。

第四章
智力拉升要激发

"老爸，昆鹏技术过硬，头脑也过人。"

"顶级高尔夫运动员除了比拼技术、体力、心理，还要比拼智力和智慧。"

"能进入世界排名一百以内的运动员都是天才，天才毕竟是少数，多数普通孩子只能望尘莫及。"

"此话谬矣，正确的表述虽然有点理想化，但是对的：'每个孩子都是天才。'"

"老爸，如果这句话是对的，那怎么解释智商的差别？又怎么解释有的人聪明、有的人笨呢？"

"这个你比我清楚，想考老爸是吗？"

"不敢不敢，只是想通过您的看法矫正一下我的认识。"

"所谓'智商'的概念就是一个谎言,是由血统种族优化论者制造的社会政治谎言,扩展到用于营利的商业谎言。实际上,人没有什么先天智商差别,人的智力先天都是一样的,是后天环境造成了智力的差别。"

"是的,最早提出先天智商差别的,是一个继承了巨额财富的英国贵族高尔顿爵士,他利用其表哥达尔文的进化理论,搞了一套智商测试标准,证明社会的上层族群天生智力优越,将人的智力意识形态化和社会政治化。"

"关于智力,基因决定了人生而平等,即便有差别也微乎其微。所以,每个家长都要对自己的孩子充满信心,**你坚信你的孩子是天才,他就是天才。**"

"您的观点可能会遭到很多所谓专家和利益团体的反对。"

"必然的,众多靠兜售智商差别的既得利益体和社会阶层固化的维护者都不会同意,被这些团体豢养的所谓专家可以用无数的例证和数据说明人智先天就差别巨大。这论调,人类社会认同了上千年,早就该推翻了。"

"是的老爸,您看新生儿甚至长到两三岁,除了少数生理缺陷的孩子,绝大多数的智力表现还真是差不多,无论这个孩子生在穷人家还是富人家,是白人还是黑人,是男孩儿还是女孩儿。"

"每个刚出生的孩子的大脑,都是经过上亿年生物进化的结晶。其中储存了多少人类之智,我们目前的科技能力还无法探究。不清楚的不等于不存在,感受不到暗物质不能说这世界就没有暗物质。且不说人,你就看咱们家的猫小亨,生下两个月就被单独领养，关在家里就没接触过同类，但逐渐长大后，所有成年猫生存的习性和聪明一样不落，你说它是和电视学的吗？肯定不是，而是随身携带、与生俱来的。兽如此，况人乎？"

"人脑的构造本身就说明了进化的过程，核心的都是古老的和基础的，越往外面越是新的，比如前额皮层。潜意识像海底的山一样难见真容，显意识如露出海面的小山头，上面长着理性树木，思维的猴子在新皮层的褶皱间跳跃。"

"呵呵，有画面还有喜感。你说的这个山还是座火山，灵感岩浆就深藏在潜意识之中，有了条件就会喷涌而出，这个条件就是外力。几乎每个孩子的大脑都潜能无限，能否喷发就看给予了什么力。"

"我可以这样理解吗，**智先天而来，力后天而发，慧通天而生**？"

"提炼得很到位，先天而来，后天而发，通天而生。有一种学术观点，认为遗传决定了智力的上限，环境作用发挥到极致，智力才能达到那个上限。意思是后天尽到最大努力，才能把先天赋予的智慧激发出来。听起来有点不好理解，但你看人类有史以来极具智慧的人还真是寥寥无几。仅从智慧角度讲，现今踩在前人脑瓜顶的后人比老祖宗也没高明到哪去，有些方面甚至还愚蠢了。"

"所以，当父母的不要受所谓智商差别的谬论影响，要对自己的孩子有信心，及早发现孩子的天赋潜能，激励其成长。人的智力发展不是线性的，五岁前受到的激发越多，智力发展就越快，一般情况下，学龄前有可能获得百分之八十的智力发展。"

"所以，幼儿阶段孩子所处的环境就特别重要了，是安全的、有爱的、快乐的、丰富多彩的，还是恐惧的、孤独的、抑郁的、单调沉闷的，环境不同，幼儿的智力发育也会不同。"

拉高孩子智力的基础是安全感

"是的老爸，幼儿只有在建立了稳定的安全感之后才能调动大脑资源去学习，只有在快乐的心理状态下才能积极感知外在世界。从神经学角度看，大脑绝大多数的能力，特别是智力，都取决于神经元网络的状态，特别是生物电信号和化学信号传递的效率，学习效率、记忆效率、思考能力都与此紧密相关。"

"神经元数量越多效率越高吗？"

"不完全是，信息传递效率主要取决于神经元突触连接的密度。想象一下，大脑中有一百多亿个通信天线，但能建立连接、传输信息的比例不同，有的百分之五十在线，有的只有百分之十能工作，个别的百分之八十高效运转，这就直接影响了人的智力水平。"

"那什么决定神经元突触的连接密度呢？"

"人的感觉器官接受新信息的刺激量和刺激程度是决定连接密度的主要因素。俗话说'脑子越用越灵'，说的就是经常刺激神经元的结果。还有'活到老学到老'，保持好奇心接受新事物，换环境、换心情、追求改变都和这个有关系。总之，正向刺激越多、程度越强,密度就越大,反之会逐步萎缩下降,尤其是年老的人。"

"你答应入冬陪我去新疆滑雪可别忘了。"

"说好全程费用您出也别忘了,哈哈。"

"这个不好说,最近短期记忆特别差,经常转眼就忘事。"

"这说明您总是在熟悉的环境里生活,习惯性行为太多,缺少新鲜事物刺激,缺少积极思考。"

"老人避免不了,孩子如何提高连接密度呢?"

"首先是安全感,特别是幼儿,只有在建立了安全感心理健康的基础上,才能调动所有感觉器官接受新信息、新行为的刺激。孩子有了安全感,才能放心地自主玩耍,才能积极主动的思考,激发想象力和创造力。这些都是增加连接密度的关键。"

"孩子的天分潜能是不是和连接密度也有关系?"

"是的,大脑不同区域的神经元突触连接密度不同,会影响孩子对应某一方面能力表现不同。比如,有的孩子逻辑能力强,有的孩子语言能力强,有的孩子审美能力强。"

大脑中最具价值的是主动思维模式

"大脑主动思考和被动思考模式比较,一年半年看不出什么,但十几二十年就不同了。仅在生理层面就存在神经元突触连接密度的差别,心理层面积极的思维习惯一定在创造力方面更胜一筹。"

"一个是被动思考应接不暇,一个是信息刺激源比较单调,也就是习惯性思维和习惯性行为太多,在生理、心理、智力上都抑制了想象力和创造力的发展。"

"孩子的课本很多、作业很多,要背的东西多,要刷的题也多,怎么解决主动思维的问题呢?"

"课内的两个办法,一是刨根问底,二是举一反三。课内所学内容的源头在哪里?本质是什么?除了标准答案还有哪些不同的表述?有没有反向、反面的表述?有没有争论和悬而未决的问题?"

"这对孩子来说是不是难了点?"

"老师是干吗的?现在的老师传授知识是次要工作,主要任务就是引导学生做上述的事情。"

"可是没有多少老师能做到。"

"所以,从培养创新型人才的角度讲,如果孩子摊不上好老师,就只有依靠家长了。"

"学生的时间本来就紧张,把教材延展这么多不是更紧张了吗?"

"老爸这是让我夸您吧?我不就是让您这么训练过来的吗?"

"哈哈,你感觉如何?"

"看起来增加了不少学习量,实际上事半功倍,特别是关键点搞透了,举一反三行云流水,节省了大量因为不太懂需要反复背诵记忆的时间。"

"课外呢？"

"一个字：玩！能玩的都试试，喜欢玩的都坚持坚持。多走多看多比较多归纳，多思多想多分析多判断。久而久之，主动性思维会在自己的显意识中建立模型，在潜意识中植入编码，让智力拉升到高的水平，幸运的话会获得智慧。"

"所以，拉高孩子智力主要是**先有多多见识，跟进循循引导，激发层层思考**。"

"从我这个'小白鼠'的体验看，这么总结没问题。"

"去新疆的费用还是你出吧，就当是付了一部分培训费，如何？"

"好嘛，您这坑挖的。"

"头等舱是必需的。"

"遵命，孝敬爸妈是儿的本分。"

"这还差不多。"

"那我得多赚点，把您激发我智力的'歪招'再具体讲几条呗，特别是在九到十二岁这个阶段。"

孩子可以是自己的和家长的好老师

"歪招一，逼你逼自己，逼出内啡肽。和游戏比，书本学习不合孩子的天性，想学好靠自觉肯定不够，孩子毕竟是孩子，自控力还是比较差，所以需要老师、家长的逼迫，比如学校布置的作业、组织的考试、营造的竞争氛围都暗含这种安排。家长的招数就更多了，鼓励、夸奖、悬赏、絮叨、讽刺、诉苦、打骂等，目的都是逼孩子努力学习。仅从学习的结果看，这些常见的办法是有效的，但其中很多有副作用。造成副作用的办法也是孩子厌学、逃学甚至抑郁的原因之一。不逼不够，逼狠了也不行，怎么办？最好的办法就是变被动逼为主动逼，让孩子自己逼自己。人简单的快乐是获取多巴胺，因为相对容易获得，特别是孩子吃块糖、跑一跑就非常高兴。对于学龄前和小学低年级的孩子，家长的夸赞、亲吻、爱抚也能起到和吃糖、奔跑一样的效果，孩子为了获得夸赞，会短时间逼自己进行枯燥的学习。对于高年级的孩子来说，简单的办法就不奏效了，搞不好适得其反，要有适合的招数。归纳起来就是，要针对孩子不同年龄、不同个性设计不同的让他逼自己的方案，小学低年级的孩子要多用实物'哄'、用嘴'忽悠'，小学高年级和初中的孩子多用'激'和'架'的方法，高中的孩子要多用'分析'和'责任'的方法。这些办法都指向一个目的，就是让孩子经过'自我逼迫'的过程取得成绩甚至成就，产生超过常态的心理满足体验，有人称其为获得了内啡肽分泌的幸福感受，也有人说这是进入一种'心流'的精神状态。据说很多历经千辛万苦的成功者再出发，就是为了追求这一心境。当孩子获得过内啡肽的体验后，多巴胺就显得淡了。再需要逼自己一下的时候，就会咬得住牙关、耐得住性子、忍得住烦躁，久而久之可能形成心理习惯，大功告成矣。很多出家人都有过这种经历，还有凡人很难理解的苦行者，其实也是这个道理。由追求内啡肽产生的学习动力，劲头更足、耐力更久，孩子会不怕困难、不轻言放弃。"

"这招儿真够可以的，我怎么有种被算计的感觉。"

"哈哈，爸妈算计你是你的福分，也是我们的快乐。歪招二，虚心求教，切磋探讨。不是你求教我，而是我向你求教，有空就问孩子课内相关知识，懂的也装不懂，并且由一个问题引发另一个问题。该深入的步步递进，能扩展的层层延伸，经常故作恍然大悟状。偶尔有意挑起辩论，把你搞成斗鸡样儿，好玩极了。特别是对小学高年级和初中的孩子，这招儿尤其管用，会极大激发孩子主动学习、寻找答案的热情，锻炼他自主思考、充分表达和以理服人的能力。时间一长，孩子会感到自己对课内所学的内容理解加深，知识面加宽，和同龄人辩论经常占上风，感觉很爽。为了保持这种感觉，他会主动学习更多。"

"我竞选当过初中辩论社的主席，确实获益匪浅。"

"歪招三，把最难学的讲给别人听。孩子在学习过程中，会不断遇到难理解、难记忆的内容，这是学习进展的障碍。不要小看这些障碍，疏忽了可能成为孩子知难而退、不思进取的主要因素。大量的补习辅导是克服障碍的常规做法，但更有效还省时省力省钱的招数是讲给别人听。我们都知道费曼学习法，可以使人对事物的了解更透彻。"

"费曼是我的偶像，伟大的物理学家。他的方法可以归纳为四步：第一步是把学习中遇到的问题简单化，就是把问题的概念说得清清楚楚，完全不懂的人也能听明白你在说什么。这样可以逼迫自己更深层、更清晰地理解自己要解决的问题。第二步是学习后尝试用最简单的语言讲明白你认为已经解决的问题,如果讲不下去那就是还没有真正解决问题。这个反馈极具价值,我认为也是费曼学习法的核心,是不断跨越自己知识界限的动力和方法。第三步是讲解表达升级,力求简单明了、逻辑性强,最好整理成文字并且大声地复述出来。第四步是讲给别人听。"

"费曼学习法对培养积极思考的习惯和提高学习效率有极大帮助,是激发智力的有效方法。记得 2020 年春节,你自学理论物理,艰涩难懂,卡顿层出。爸爸动员你在微博上用双语讲给别人听,好嘛,你一口气讲了四百集,虽然听的人没几个,但你对理论物理的了解远超一个十一岁孩子能够理解掌握的。"

"老爸,从那以后我看世界的角度就改变了,原来是在问题里看问题,后来是跳出问题看问题;原来遇到问题找到答案就 OK,后来找到答案还要问问为什么。经过费曼学习法训练,真是终身受益,谢谢老爸。"

"客气了,老爸更要谢谢你,给我太多的惊喜和欣慰。"

"嗯嗯,那去新疆滑雪的钱还是您出吧。"

"少来!说好的事情不能改。"

智力飞升也有窗口期

遥远的卡诺斯蒂激战正酣,北京已入夜。石头儿给父亲的茶杯续上热水，继续关于拉高孩子智力的话题。

"老爸，现在年轻家长普遍认为早教是智力成长的关键，您也说学龄前可能获得百分之八十的智力发展，那为什么3618将拉高智力的重点放在九至十二岁呢？"

"很多老师和家长都认为初三上半学期是孩子学习成绩的分水岭，甚至说是一场人生之战。打赢了，未来道路平坦顺利；输了，未来之路将曲折颠簸。这想法听着虽然有点可笑，但从侧面说明了一种现象，就是孩子已经进入青春期，大量精力可能不在学习上。所以，在这之前有计划地立足基础、推进孩子智力飞升，是家长、学校之要务。另外，从生理发育和思维能力看，相对于小学阶段，初中生的逻辑思维能力大大提高，在头脑中可以把事物的形式和内容分开，可以离开具体事物，根据假设来进行逻辑推理，能运用形式运算解决逻辑课题，演绎推理的正确率可以达到百分之五十左右。建立假设和检验假设的能力也接近成人，思想中的分析性和内省性明显增强，甚至可以把自己的思想作为一种客体去审视和分析，这些都为促进智力加速拉升提供了很好的基础，也可以说这个年龄段拉升智力有时机窗口。"

"那我知道了，为什么这一阶段的孩子在智力表现上容易出现进度差别，有些飞起来的孩子甚至被说成'天才''神童''天赋异禀'。实际上这些孩子没什么特别禀赋，不过是抓住了机会窗口、加对了推进剂，幸运地开了窍而已。"

"哈，说自己哪？"

"小时候我认为自己是天才，后来明白了是碰巧在该起飞的时间点误打误撞进了小火箭。"

"怎么个误打误撞？"

"第一，被您忽悠深信自己是天才，为了证明自己是天才，就主动学习、主动思考，尽力有独立见解。为了表现得像个天才，就在学业上、学识上和表达上超过同龄人，期待得到'人小学问不小'的肯定。"

"看来信心是助推剂的主要成分。"

"对，让孩子深信一件事不难，难的是家长的信心和态度。刚才咱们聊到智力是对人大脑潜能的激发，家长是激发行动最重要的操作者，可以激化发展，当然也可以抑制发展。经常把'你真笨''你看谁谁家的孩子比你聪明'这类话挂在嘴边的家长，对孩子的伤害是不可逆的，孩子真的会认为自己就是个笨人，主动思维会大幅度减少，智力发展会如老牛拉车般的缓慢。您说这类家长不爱孩子那肯定不是，出发点没错，是态度错了。既然为人父母，就有责任学习科学的教育理念方法，争取把孩子的智力潜能最大限度地激发出来，如果是一个善于发现孩子天赋并引导展现的父母，那不仅是孩子的福分，更是家族的福祉。"

"你这话老爸是真爱听，接着说说第二条。"

"第二条，九到十二岁这个阶段，孩子上网能力已经很强，通过学校多门课程打基础，求知欲也从本能需求升级到要求理性满足。所以，家长要提供上网工具，让孩子去搜索查询、寻找答案。虽然他们会接触到一些不良信息，但总体上拉升智力的效果非常明显。"

"给孩子一条帆板，让他在知识信息的大海里冲浪。**知道多了思考能力就会增强，比对多了认识水平就会提高。**"

"第三条，下棋、打牌、打球、打游戏、看电影、翻杂书。"

"什么是翻杂书？"

"什么书都翻翻，一目十行，浅尝辄止。"

"你这论调听起来不务正业。"

"老爸，这可是您曾经给我安排的呀。"

"哈，很爽吧？"

"当然，对孩子来说，能掌控自己生活的感觉是一种浑身细胞都欢唱的爽快。孩子能自主学习是智力飞升的关键，特别是自主学习内容枯燥的课程，需要很强的内驱力，而内驱力是依赖于情感力量的。一个是安全感，二是被信任感，三就是自我掌控感。所以，家长督促孩子学习要有方法，比如让孩子知道，无论他学习成绩好与差，都不影响爸爸妈妈对他的爱和呵护。还有给孩子安排一个他可以做主的空间，可以询问作业和考试的情况，讨论解决问题的办法，提出帮助孩子的建议，但切忌唠叨、训斥、嘲讽。孩子自主学习多了，就会从经多见广中得到乐趣，拉升智力。"

智力全面的孩子更有竞争力

"多方面丰富孩子的阅历，让孩子听得多、见得多是孩子聪明的基础,从发展来看,未来社会智力全面的人更容易找到自己的位置,有智慧的人将主导资源财富分配,而传统以知识传授为主的体系培养的人才绝大多数是普通劳动者。学校重点培养孩子的语言智力和数理智力,但在表达交流能力和逻辑思维能力的基础上,社会智力,也就是解决难题和适应环境的能力,则更加重要。孩子的生活空间及接触的人和事都很有限,怎样加速社会智力发育?下棋、打牌、打球、打游戏、看电影、翻杂书是合适且有效的方法。近些年强调学校加大素质教育力度,也是为了适应科技高速发展、各领域不断融合对智力全面人才的需求。你看现在大学里文理结合的新专业不断出现,有的甚至为特别的学生创建新专业,这是呆板的传统教育不可想象的事情。"

"下棋、打牌、打球、打游戏、看电影、翻杂书,看似娱乐成分多,实则教育分量大。特别是竞赛类活动,更刺激大脑和小脑的活跃度,推进智力加速发展。"

"没错,智力不仅仅局限于逻辑和语言范畴,还有对音乐的感悟力、对空间的感知力、对人际交往的掌控力、协调运动能力以及自我反省能力等等。在有限的时间、空间里,孩子不可能亲身去体验所需的一切,但可以通过基本规律接近的活动得到训练,通过他人演示的经过得到角色替代的心理体验,提升全面智力发育。"

"老爸,推进剂还有一条,但常常被忽视。"

"是睡眠?"

不能牺牲睡眠来学习

"对，很多孩子为了学习、考试，牺牲应有的睡眠时间，实际上得不偿失，短期内获得的成绩优势很快就会失去。如果长期睡眠不足，那损失的不仅是智力提升，身心健康也会大打折扣。"

"充足的睡眠对拉升智力至关重要，曾有两位教授用七年时间研究了从四千多所学校采集的真实数据，得出一个颠覆以往认知的结果：补课时间越长，学习成绩反而下降，其中一个重要原因是睡眠不足。由此可见，长期睡眠不足，对孩子的智力发育阻碍是非常大的。"

"长期睡眠不足容易造成脑缺氧，脑功能下降，如果孩子的学习压力不减，脑负担就会非常重，神经突触的信息传导速度相应减缓，注意力容易涣散，记忆力变差，严重的甚至出现脑损伤。这种生理基础，是不可能加快拉升智力发展的。"

"还有一种说法很多人都认同，说高智商的人都不爱睡觉，常年睡四五个小时就精神饱满、精力旺盛。"

"您信吗？这挺荒谬的。不同个体在睡眠需求上是有差异的，思维活跃的人大脑兴奋性神经物质分泌多，但不等于他们可以长期睡四五个小时就行，更不等于因为睡眠少就智力高。传说爱因斯坦每天只睡两小时，其实他每天睡觉的时间一般不少于十个小时，是个特别能睡觉的人。"

"很多时候，家长为了短期功利目标，往往舍本逐末，结果事倍功半。"

"懂教育的家长对孩子都是从长计议,不被一时一事影响自己的判断和作为。比如有些初二、初三的孩子会出现厌学情绪,对此,家长的态度不一样,教育的结果也不一样。从长计议的家长不会把厌学情绪看得很重,目光短浅的家长则会如临大敌。结果前者会引导孩子摆脱心理困境,而后者会加重孩子的厌学情绪,导致孩子进入一种负循环状态,甚至放弃学习的努力。"

家长应该玩转的定律

"普林斯顿大学有一位教授丹尼尔·卡尼曼,他搞了个实验,发现人的好恶记忆主要取决于两点,就是高峰时的心理体验和结尾时的心理感受,中间的过程及所用时间的长短都不起多大作用,这一结论学术上叫作'峰终定律'。所以,为什么孩子喜欢玩电子游戏而厌恶学习?因为电子游戏给孩子带来的高峰体验和奖励非常爽,而学习带给孩子的体验很糟糕。家长的否定、训诫、催促、对比、挖苦等,使孩子感受不到峰值快乐,体会不到成绩带来的满足和自信。而打游戏,闯关、通关不断得到奖励,玩完了精神愉悦、意犹未尽,怎么会不上瘾呢?反差如此明显,你还能怪孩子厌恶学习、热衷游戏吗?"

"老爸,我初二时您把我的'峰终定律'从网游给转移到学习上,花了不少心思和银子哈?"

"可不是嘛!网游是什么?是魔!多大劲才能扭得过魔力?初

二下半学期你着迷网游,平均每天玩四五个小时,学习成绩大幅度下降,我们是又气又急。"

"记得我妈都不愿意去开家长会了,以前学校一邀请家长,我妈总是打扮妥当,早早到学校,享受其他妈妈们羡慕嫉妒的目光。"

"当时我们感觉很棘手,容忍不行,限制不行,勒令停止更不行。三岁就让你上网玩游戏,一直玩到初一都挺好,结果初二出现沉迷,一直担心的事情还是发生了,老爸难辞其咎啊。"

"说到这里,我一直想问您,很多家长反对孩子玩网络游戏,有的甚至绝对禁止,为什么我很小的时候您就鼓励我玩呢?"

"网游不是洪水猛兽,玩对了对孩子智力发育大有好处,你自己不是体会很深吗?"

"网游可以说是我们互联网原住民生活方式中的一项,现在人工智能无处不在,现实虚拟深度融合,网游可以让孩子在玩中提前适应网络技术环境,应该说利远大于弊。"

"要处理好这件躲不开的事情,家长的认知是关键,科学管控是手段。"

"您是怎么管我的?"

"我认为孩子必须玩游戏,这是时代给予的福利。总的来看,网游玩对了有三大好处:一是满足孩子的自我掌控需求,提升他对自己的信心;二是给孩子向前冲的动力,引导得当是训练积极心理的好办法;三是提高专注力和心理抗挫水平。这些好处转化到学习生活中,对拉升智力有极大的帮助。从你的实践看,幼儿玩网游有利于手脑协调、智力发育。少年玩网游有利于深度了解电脑硬件、软件程序和互联网络，培养善于抓重点、把握细节、追求高效率的习惯。青年玩网游有利于提升线上社交、团队配合和文学、影视、美术等多方面的审美能力。但孩子毕竟不成熟，很容易沉迷在快乐刺激的游戏中，所以家长要加以管理，做到三管三控，就是管心管群管内容、控时控姿控支出。"

"内容好管，孩子想玩什么，家长先玩下就知道。群也好管，和谁玩、和谁聊都能查出来。限制时间、要求坐姿端正也好管，支出就是家长说了算，也没问题，但这管心不好办吧？"

"心是最难管的，但网游管控最关键的环节就是管心。没有正确的出发点和认识态度，孩子长时间玩网游一定会影响学习，甚至扰乱正常生活。"

"我想起来了，小学五年级时我们开过一个关于玩网游的家庭会议，讨论了我能不能玩网游、玩的目的是什么、能玩什么不能玩什么、平均每天玩多长时间。"

"当时咱们签了协议，主要条款包括：一、网游的目的是学习之余的娱乐，为的是休息大脑、调剂生活；二、平日每天最多玩一次，每次半小时，周末可以增加到每天两次、每次一小时。"

"很宽松了。"

"太宽松了。三、原则上不花钱买游戏，个别特好的益智类游戏可以买。"

"我开始执行得挺好，但初二开始违约了。"

"初二时，你把主要精力转向网游，时间增加了几倍，甚至假装写作业，实则在打游戏。自己的压岁钱皆花在游戏上，主要都是些枪战类的游戏。眼看着一点点滑入深渊，整个人渐失自我，如同被屏幕里的魔鬼操控了一般。"

"我都忘了您用什么招数扭转的危局。"

"我的招数是让你先体验负向的峰值和终值，再创造正向的峰值和终值。"

"想起来了，您先让我玩电竞款，跟高手过招，而且可以熬夜不限时。开始我大喜过望，但几天下来头昏脑涨、两眼昏花，不仅不快乐，还充满了挫败感。"

"老爸这么做也是下了狠心的，你网游上瘾是因为它带来峰值的畅快和奖励的满足，但所有事物到达顶峰后都会走向反面，所以推你体验下负向峰值和终值，俗话讲就是先让你玩恶心了再说。"

"您戒大酒不也是喝进医院之后才戒了吗？"

"小子，拿话捎带我，比你也好不到哪去是吗。"

"老爸也是血肉之躯，哪能没缺点。"

"对喽，看待孩子也一样。家长自己在很多事情上成瘾难戒，但要求孩子面对网络游戏不问、不看、不玩，只是一门心思学枯燥的课，如嚼蜡一般去背题，你说讲人道吗？行得通吗？"

"特别是初中的孩子，在社群中自我价值认同的需求大，同学们都在谈论网游，自己不能参与的话，自尊心会受到打击，社交融合度也会大打折扣。"

"尊重孩子、做他们的知心人，这不是一句只用来表达的话，而是要用具体行动来满足孩子正当的个性需求。从小到现在，你对待爸妈的建议一直是耐心且诚恳地接受，不是你生来就听话，而是从你出生起老爸老妈就能先一步听到你心里的声音，满足你的成长需求，让你在意识深处肯定爸妈的话是正确的、是为你好，这也是我们那年把你从沉迷游戏悬崖边上拉回来的基础。"

"记得当时您摆事实、讲道理，痛说革命家史，让我惭愧反省而又感动得涕泪横流，激情之下把游戏统统删除掉了，后来心疼了好一阵子。"

"看到你够爷们儿，老爸是深感欣慰。让我戒酒，要我把存货统统倒水池，那我还真做不到。你比我对自己狠，十三岁也称得上壮举了。"

"打那以后我就不玩网游了，除了学习，兴趣也转移到下棋、练剑、打球、看电影上，比只玩网游丰富了很多，也收获了更多快乐。"

"然后，我们马上跟进正向峰值和终值措施，开条件和你小赌一番。无论何时，只要有一科考试满分，你就赢妈妈一百元，主要学科加倍。"

"现在开这盘口我不会同意，太苛刻了，多少次差一分拿不到钱，急死人。"

"可你老妈也没少输啊。"

"输赢不计，我最大的收获是用心学习，考试也不马虎了，尝到了认真做事带来的成就感和博弈所获奖励的满足感。"

"我们还鼓励你参加竞赛和辩论赛，你也很争气，拿了几个大奖，获得很多正面肯定和好评，增强了正向峰值和终值体验，巩固了好好学习天天向上的大好局面。"

"我记得有一次吃饭闲聊，您好像随口一说：'儿子，你说不玩网游就不玩，这是一件挺牛的事，很多成年人也没这意志力。这是一笔你的精神财富，对将来独立生活干事业有很大帮助。'普通人很难拒绝多巴胺带来的快感，只有意志坚强的人才能驾驭自己的需求，控制自己的欲望，让短时的快乐服从长远的利益，让低级的满足服从高级的满足。如果人生来都在同一条起跑线，这种意志力就是站位社会阶层的主要决定力量。如果在十几岁有意训练和坚持这种意志力，实现人生美好目标的概率就会很高。"

"你坚持了吗？"

"很难，但有意识地去实践总是好的，也是一种修行，会杜绝一些大的人生失误，提升幸福感。"

智慧是修行得来的

"说到修行，通过不断学习提升智力就是一个修行的过程，其结果就是获得智慧。为什么说是修行？因为简单学习并掌握知识并不能获得智慧，一个人只有达到智力的综合最高点才具有智慧，所以说智慧是修行来的，是学通了天而焕发的。"

"知识真的不等于智慧，一个人有知识不等于有智慧。禅宗六祖慧能是'文盲'，但他的智慧远超常人，他对西域佛理的汉化启发了那么多学富五车的先贤大德。"

"六祖慧能虽然不识字，但他是一位非常勤奋的终身学者。他听到的一切、看到的一切都会在心中汇聚，分类融通，特别是五祖在夜里单独给他唱经讲课，他字字不遗、铭记于心，白天再结合现实，反复思考，深入理解并有自己的觉悟，他的智慧应该是源于不受羁绊的创造性思维能力。"

"什么样的孩子未来可能获得智慧呢？"

"这问题只有得道高僧答得了，老爸一俗人不敢妄语。但从教育学研究的一般结果看，通常爱质疑书本知识和社会现象、爱挑战老师和家长论点的孩子，在日常生活中解决问题能力强的孩子，获得智慧的可能性会大一些。"

"所以应该鼓励孩子大胆提问题，家长要经常征求孩子的看法和意见，不担心孩子犯错，利用好每一个出错的机会，帮助孩子拉升智力、提升层级、境界。"

"**孩子犯错是激发智慧的好时机**，因为智慧的基础除了知识、技能等智力体系外，还有思想观念、审美评价以及潜意识成分。孩子犯错后情绪紧张，一般情况下都会想办法减轻后果，逃避家长的责罚，因为孩子最在意的就是家长的态度。那么家长如何对待和处置孩子所犯的错误就显得特别重要。首先，要引导孩子正确分析原因、辨别是非曲直。其次，讨论纠错方法，并举一反三，避免重复犯错误。再次，如果家长有责任，就要自我检讨，给孩子做出榜样。这一系列的积极操作让孩子经历了发现问题、分析问题、解决问题的过程，并且这个过程和自身利益紧密相关，孩子的体验会非常深刻，经验会非常鲜活，智力能力的成长是异于常态的。所以，一定要抓住孩子犯错的机会，助其获得生活智慧，争取使其成为有自我掌控力的智者。很多父母都有同样的感触，帮助孩子自觉纠正一次错误后，孩子会得到超乎预期的成长。"

"我青春期没少犯错，但一次打骂都没挨过，真心感谢老爸老妈。"

"单从生理上讲，简单粗暴地对待孩子也是没道理的。人的大脑需要很长时间才能完全成形，前面咱们聊过，青少年大脑中的神经连接只完成了不到百分之八十，有些人甚至到二十五岁都没发育完整，所以青少年做事冲动、欠考虑不全是心理问题，还有生理基础。成年人按自己的标准要求孩子，出发点就是错的。他忘了自己小时候不也是很容易兴奋吗？感觉感官不是比成年后强烈很多吗？因为人在青少年时期受刺激后多巴胺分泌又快又多，大脑控制系统又发育不全，如果按成年人标准判别，那错误就多了去了。所以，**家长要给孩子单独定一个犯错的标准**，一个适合孩子生理、心理实际状况的标准，那么很多所谓的问题就不再是问题，矛盾就很好解决了。"

"哈哈，老爸，这也是带娃的智慧，自己也能少生很多闲气，是吧？"

"当然，绝大多数日子还是很'嗨皮'的。"

"看来想生活好，首先要了解我们的大脑。笛卡尔说'我思故我在'，鲍罗和泰伯拉提出人择原理，都是基于宇宙中这个简单而最复杂、平常而最神奇的东西。它在黑暗中从未亲眼见过世界，但它不仅构建了现实世界，还创造了超凡的虚幻世界，甚至能让人生活在五分之一秒之后的将来时。"

"记得你初三那年翻译过美国诗人艾米莉·狄金森的一首诗吗？"

"我现在还背得出。"

　　我们的头脑，
　　比天空更浩渺。
　　不信吗？来——
　　将二者对比着瞧一瞧。
　　无边的思维，
　　轻松将天空容纳了，
　　将你也容纳了。

　　我们的头脑，
　　比海洋更深杳。
　　不信吗？来——
　　将蓝与蓝重叠着瞧一瞧。
　　无边的思维，
　　完全收纳了波涛，
　　有如海绵吸尽桶里的水一般奇妙。

我们的头脑，

恰与上帝的神力相交。

不信吗？来——

将力与力合起来瞧一瞧。

无边的思维，

如若有所不同，

那也是歌的华丽和诗的美好。

天气多变，正赛第二天，卡诺斯蒂球场又刮起了阵阵强风，大大增加了球落在理想区域的难度。昆鹏的倒数第二洞是一个名气远播的三杆洞，职业发球台到炮台果岭中心的距离是一百八十三码，左侧则是界外，果岭四周沙坑环绕，后方有低洼的深坑杂草丛生。这需要一记非常精准的铁杆高弹道适度倒旋，才能保证小球稳留在果岭上。但是侧面吹来的海风飘忽不定，尤其在强风下让落点靠近旗杆真是难上加难。大多数球员的策略是选杆宁小勿大，让球落在果岭前方，避免掉进沙坑或滚落后方陷入困境。但是今天旗位插在左后的下坡处，如果第一杆落在果岭前，靠切击或长推杆很难抓到小鸟。昆鹏目前排名已经来到并列第五，如果这洞拿到小鸟，有可能晋升一位。机会就在眼前，能否把握住全凭球员的个人能力。昆鹏反复测试风向、风速，心算出影响小球偏离目标的距离。他抽出七号铁杆，方向瞄准右侧沙坑，轻松舒展地完美一挥，小球直线飞离梯台，在风的作用下划出左弧线落在果岭中央，滚向旗杆。在一片热烈的掌声中，昆鹏在这一洞顺利拿下小鸟球，排名上升到单独第四位。

"老爸，业余球员打球经常失误的原因，都是有想法、没技术。您看这些顶级职业球员，他设计好了基本都能得到想要的结果。"

"这就是能力，老业余面对不同的球道果岭、不同的天气和对手，脑子够用的话能制定最佳的击球方案。但执行的能力不能胜任方案要求，想得出来打不出来，反而可能因为激进给后面造成更大的困难。你认为原因是什么？"

"因为看得多练得少。"

"对，球迷喜欢看比赛，看的都是职业比赛，总结的策略都是基于职业运动员能力的策略。但自己练球少，下场又按照职业的策略打，失误是正常的，打好了才不正常。"

"是，很多业余球员每次下场打球前都信心满满，觉得自己行，但很少能实现预想的减杆目标。"

"能力是通过实践展现的能量、力量，是在事上练出来的。"

第五章
能力是练出来的

"《传习录》说：人须在事上磨，方立得住，方能'静亦定，动亦定'。老爸，培养孩子也是一样吧？"

"按王阳明老先生的原意，用在孩子身上就要求过高了。但底层逻辑是一致的，王阳明之所以能成为文以立学传世、武能平叛安邦的圣人，也是他饱经磨砺练成的。"

"现在的孩子生活条件好，都是家长的心肝宝贝，很难'劳其筋骨，饿其体肤，空乏其身'，那用什么方法能快速推高能力呢？"

"还是在事上练。你一个人走南闯北穷游世界的本事，是从哪里开始练的？"

"当然是亦庄地铁站了。那年有个电视节目《爸爸去哪儿》特别火，拍的是爸爸带娃去旅行。您可好，来了个儿带傻爹出去玩，您还真的一言不发，一路全靠我。我到处问去天安门广场怎么走，买票换乘三条线，出了地铁找国家博物馆，参观排队还排错了，我厚着脸皮求警察，叔叔同情我给加了个塞，看展的中间还得给您买水喝，五岁小孩的我容易吗！"

"哈哈，你还都记得，是不太容易，可我在北京饭店西餐厅请你吃了一顿大餐，那饭可是很贵的。"

"贵也值啊，下午没人，好几个叔叔阿姨就服务咱们俩。我记得奶油蘑菇汤特别浓，以后就没去吃过了。那次经历记忆深刻，以后自己去哪儿都不含糊。十一岁那年带您去名古屋、东京，一路过海关、住酒店、吃饭、乘车、赶飞机都是我操办，您可省老心了，是吧？"

"是啊，千万别低估孩子的潜力，能力就是在一件事一件事上练出来的，特别是十三到十六岁这三年，家庭陪育的重点就是推高能力。孩子可以做的事情都推给他做，孩子可以决定的事情就推给他决定。"

什么能力最具价值

"记得我快到十四岁那年的元旦，您放我书桌上一封手写的信，当时吓了我一小跳。"

"还记得内容吗？"

"当然记得，信中先讲了爷爷奶奶和您十四岁的时候，都是自己选择的人生道路，也让我自己决定以后的路怎么走。"

"看过信什么心情？"

"很激动，感觉自己一夜之间长大成人了，想了很多从没想过的事情。也许是由于爷爷奶奶的不平凡，也许是您十四岁就当兵吃苦历险的经历和我的养尊处优对比过于强烈，也许是由于认为自己马上就要脱离您和妈妈的呵护带来的恐慌，反正是一夜都没睡好，对自己的未来做了一大堆方案。"

"等了个把月，我才等到你的答复。"

"那是我第一次规划自己的人生道路，虽然比较稚嫩，但真是下了不小的功夫。"

"**规划人生道路，是一个人首要的能力。**虽然一般来说成人礼在十八岁，但十四岁就认真思考并初步规划以后的人生道路，成功率会大大提高。要注意的是这个规划不是家长做的，而是家长推助孩子自己做的。要相信，信息时代十三四岁的孩子，比工业时代的同龄人要明白很多、自信很多，当然时代给他们的选择也很多。"

"经过那几十天，我有点脱胎换骨的感觉，严肃确定人生目标，和幼时随嘴一说'长大要当科学家'完全是两回事。首先要反复问自己这个目标是不是你内心深处想要的，是不是在未来几十年都不会改变的，是不是遇到困难也不会放弃的，是不是随着社会发展依然值得为之奋斗的。回答这些问题首先要开阔视野，放大格局，甚至站在未来看现在。"

"这对十四岁的学生来说，是一次大的思想跃升过程。"

"接下来要审视自身条件能否有效执行这个规划，再对标目标相同的成功者，明确跟他们的差距是什么，是不是不可弥补、不可超越。自己的资源够不够支持完成一半，优势和劣势在哪里。大的要素想通了，然后再细化两三年内的方案，制定阶段性目标并去执行。"

"对于国家、企业或是一个人来说，战略是最大的事。有了清晰的战略，效率就会提高，资源会得到更好的利用，很多问题会变得容易解决。对于孩子来说，自信心会增强，学习会更有针对性，注意力会更加集中，做起事情来计划性、主动性都会有明显进步。"

"老爸，那年对我来说非常关键，好像一个随意游走的人有了方向，不再为脚下的花草分神，而是向着自己心中的那座雄伟山峰，心无旁骛地加快脚步飞奔而去。"

"战略搞定了，还有一件事是十四岁时能力锻炼的最大挑战。"

"自控力？"

青春期是锻炼自控能力的最佳时段

"对。生物社会学理论认为，人在青春期阶段，遗传本能的力量远大于环境的作用。由于激素变化，人的性驱力激增，对外界刺激的反应强烈而耐受力又差，常常不被理解而造成心理失衡，极易与环境产生冲突。所以，青春期阶段的主要挑战是解决这些冲突，重建内心平衡。这个过程也是训练推高自控能力的过程，一般情况下，幼年家庭和睦、有安全感和幸福感的孩子，面对压力时反弹恢复到正常的时间相对比较短，但每次也需要十几二十天。"

"老爸，我那时自控力还凑合吧？起码没和您对着干，没给您惹什么大麻烦。"

"一方面，你是个知书达理的好孩子；另一方面，我是个通情达理的爹，所以咱们相安无事。首先，我送你那几本详解青春期的书你认真看了，咱们又认真讨论了青春期的生理心理特征和应对之道。其次，我们对你特殊时期的言行充分理解，遇到问题时态度和蔼可亲，摆事实讲道理，给你做了榜样，对吗？"

"那是，**达成了应对青春期的共识，建立了互相理解的基础，冷静处理发生的问题**，在这样的条件下，我真没什么理由放纵由于激素变化引发的情绪，而是理性地加以控制。时间一长，我感觉自己成熟稳重了许多。"

"孩子对青春期的理性认知至关重要，**自控力有赖于意志力，意志力有赖于对事物清晰的认识**。爸爸要和儿子、妈妈要和女儿严肃讨论青春期现象，特别是孩子在青春期容易受到的致命伤害，例如被诱骗、吸毒、斗殴、怀孕等，摊上一样就如坠深渊。所以，家长和孩子的沟通是必需的，不可不为，不可大意。"

"孩子的幸福坦途还要靠自己把握，随着年龄增长，他们受到的各种诱惑不断增多，自控力就显得至关重要。青春期是锻炼推高自控能力的最好时机，能力是在事上练出来的，没有事只能心理体验，经过事方能真实练就。所以要利用青春期这个好时机，真正把自控力锻炼推高。"

"推高孩子的自控力会带来很多好处，比如轻松的愉悦感。"

"父母对自我控制力强的孩子放宽自我管理的范围，孩子第一感觉就是好舒心、好高兴。在缓解学习压力的好办法中，重要一项就是**加强孩子的自我掌控感**。在现今社会中，内卷、外卷加剧，孩子承受着超过年龄和能力的压力，长期压力会使大脑处于低能运转状态，不仅不能提高学习效率，还容易让孩子处在一个难以摆脱的恶性循环的状态中，所以家长要想方设法避免，学校环境难以左右，在家里必须有所作为。"

"孩子如果在家里能自由掌控自己的生活，就能更好地应对学校紧张的学习压力。"

"如果孩子回到家后所处的环境和学校差不多，甚至比学校的压力还大，那他不仅容易发生焦虑、失眠、网络上瘾等问题，可能还会出现大脑杏仁核增大、前额皮质持续紧张等情况，结果会进一步放大压力、加重焦虑感。对孩子来说，家就是避风港，如果它变成了压力场和厌恶之地，孩子会封闭自己或者寻找另一个避风港。"

"家长要给孩子营造宽松的自由的温馨的家庭环境，从十三四岁开始，加大他们自我掌控的空间、时间，甚至可以让他们承担一些原本由家长管理的家庭事务。孩子回报的第一个惊喜会是不和你对着干了，因为从前很多对着干，不过是为了证明'可以掌控自己的生活'。"

"孩子到了青春期，家长就要放弃全面管理孩子的执念。**过度控制是爱的愚蠢、爱的伤害**。家长过度保护，会让孩子感觉无力主导自己的生活，长期如此可能导致孩子懦弱或是过度叛逆。家长该放手的时候要放，要相信孩子能调动潜在的内驱动力管理好自己。"

"自控力和内驱力密切相关，**孩子只有获得较好的自我掌控感，才能真正实现发自内心的自我驱动**。"

"咱们刚谈的自我规划和自我掌控，就像是孩子自驱力的能源。家长推助孩子找到向往的目标，点燃心中的梦想，落实喜爱的事物，帮助孩子创造行动的环境，并给予充分的信任、尊重和掌控权，孩子一定能成为自驱型的人才。"

"昨天咱们聊过峰终定律在调动孩子学习上的应用，但那还是治标的办法。真正从根子上解决问题，是**培养和激发孩子内心深处的积极动力**，帮助孩子去做自己热爱的事情并产生'心流'。由内心生发的积极动力，和外部的赞扬和奖赏没多大关系，而是实实在在通过自我掌控实现了成长而生发并持续的。"

"记得德西和莱恩两位心理学家发表过自我决定论，说人有三类基本需求：自主、胜任和归属。在培养积极动机方面，自主需求是排在第一位的。所以，让孩子更多地掌控自己的生活，是培养和激发内在积极动机的捷径。还记得在我小时候您发过一条朋友圈，说'想让孩子平凡，他的事家长管。想让孩子非凡，他的事自己管。自理、自力、自励、自立成就自己'。"

"按照自我决定论的说法，还要推助孩子建立胜任的信念，是信念，不是能力，信念是信心的坚持，胜任还需时间锤炼。对于孩子来说，有信念就了不起，加上努力终能胜任越来越多的事。"

"至于归属感，更多取决于家长而不是孩子，当孩子明确父母关爱的是他本人，而不是成绩考分，孩子的归属感就强很多，自主学习、自我掌控的积极性就高很多。"

"如果家长能助推孩子找到所爱、树立目标、挖掘潜力、合理规划、自我掌控不断进取，甚至进入学习的'心流'状态，那真是家庭教育莫大的成功。"

"实现这样的成果离不开家长的推助作用，因为孩子接收信息的能力很强，但归纳处理信息的能力比较弱。家长要推动孩子接受正确的信息，帮助孩子选择、整理好需要的信息，放开手脚让孩子在正确的道路上自励自强，加速奔跑。"

"跟你聊天就是开心，咱俩总是能在一个频道上，即便是争论你都关照我的感受来辩驳，说明你的共情能力练得挺到位了。"

"求您少夸我吧，每次您夸了我，回头我都要好好检讨一番，生怕辜负了夸奖，也怕您言过其实害我在外面出丑。"

"现在是真不错，但你青春期那会儿共情力比较差，有段时间和周围人相处得很不好，自己还记得吗？"

共情力是理性主导的精神力量

"是啊，十三四岁比以往更独立自主，更愿意表达自我，对社会、对他人更感兴趣，但又经常感到自己不被理解和认同，别人总是听不懂自己表达的真实意思，甚至常常被误解，因而陷入苦恼。后来共情能力的训练加强了，才知道原来的沟通障碍多半是自己没设身处地感受别人的心情、理解别人的想法，一味按照自己的感觉去表达，连对方回馈的信息也不在意，几乎是单向输出，那一定会发生错误的认识。"

"孩子在这个阶段推高共情能力，对以独立人格融入社会、减少青春期挫折都很有帮助。训练重点一个是怎样**准确'理解他人'**，一个是**如何'恰当回应'**。"

"准确'理解他人'就是不带偏见地客观分析他人言行的立场、动机和目的。如何'恰当回应'就是围绕最好结果以易于对方接受的方式进行回应。"

"理解别人是挺难做到的事情，因为人很容易局限在自己经验思维的框框里，听从自己利益需求主导的声音，屏蔽外界与自己需求相抵触的声音，更多的是任由自己情感而非理智驱使行动。要求一个人摆脱自私基因的束缚，站在别人的角度去考虑、去判断，别说孩子，又有多少成年人能做到呢？"

"正因为难，练好了就能加大差别优势，可在未来竞争环境里减少人际矛盾，获得更多人脉资源和事业伙伴的支持。"

"这项训练也不容易，当年老爸在你这儿做了很多尝试，我感觉比较管用的是以下三条。首先，家长要做到理解孩子，不是等到十三四岁，而是从三四岁就开始。每当孩子出现问题，家长**第一句话**就是要明确表达对孩子言行的充分理解，并从孩子嘴里确认你的理解对不对，然后再说家长自己的观点和决定，时间一长，孩子就从模仿你到形成自己的共情习惯。其次，孩子上中学以后，社交需求大增，家长要总结自己的经验，和孩子讨论如何交朋友、交什么样的朋友、和朋友怎样相处、遇到矛盾怎么看待和解决，并帮助孩子分析交友对象的情况。这样孩子在具体交往中就能理解朋友言行后面的动机和目的，恰当地回应和相处，时间长了也会形成在人际交往中的心理习惯，推高共情能力。再次，要培养孩子做一个**善于倾听的人**，尊重、专注、安静、耐心地看着对方、听对方说话，分析对方要表达内容的意图和目的。这是由表及里训练共情的好办法，因为善于倾听的构建内核就是共情。"

"共情能力在人际交往上太重要了，不仅与人相处，对自己也非常有益。我感觉理解的人越多、触及的灵魂越多，就越能启发自我感悟，更深入地了解自己，及时调整生活态度和作为，让自己成为一个受欢迎的人。当你不带偏见、不带预判、不先入为主，以更开放、更客观、更包容的态度对待别人时，你得到的反馈多半也同样让人倍感顺畅。"

"在人群中，总会有几个大家都喜欢的好脾气的人，那一般都是共情力强的人。家长都希望自己的孩子也能成为这样的人，但有个非常重要的提醒是，帮助孩子培养同理心、推高共情力要**掌握好度**，就是不能弱化自我意识，不能对人际关系过度敏感，不能对他人的感受过度在意，不能把同情当作共情用心分担别人的痛苦，更不能形成讨好型人格委屈自己。过高的共情能力会给孩子造成伤害，把握的尺度就是一条原则：**共情是理性主导的心理**

过程，不必投入感情。"

"老爸，您这条原则我完全赞同，但这个要求太高，孩子很难做到。"

"是，不能因为难就不要求。人差异化的竞争优势从何而来？就是在难与不难时选择进还是选择退。所有选择进的人都是对自己狠的人，都是勇于走出舒适区、敢于进入煎熬状态的人，也都是大概率实现成功目标的人。这也是一种十分可贵的能力，多半是从青少年时期就开始练就的。"

"理解了。我感觉孩子获得差异化竞争优势还有一条也很重要，就是使用工具的能力。"

"对对，这种能力在我们的教育中一直没有得到重视，而欧美国家从幼儿园起就已经体系化了。比如幼小阶段的知识学习，我们强调记忆而不是启发探索和讨论，背诵虽然也是一种学习方法（工具），但是过于简单粗糙。又如很多英语老师告诉学生，掌握词汇别无捷径，就是靠死记硬背。但好老师会教给学生更高级的方法（工具），从古老英语发展到现代英语的历史过程中，溯源知变、找到规律便能记一通百，效率是死记硬背的几十倍。"

竞争优势离不开善用工具

"远古人类在食物链竞争中，就是靠群体使用工具到达食物链顶端的。孩子如果不善于使用工具，等于没继承几十万年的进化成果。狭义来讲，工具也是方法，是高效认识和改造客观世界的方式、路径和程序。黑格尔说'方法也就是工具，是主观方面的某个手段，主观方面通过这个手段和客体发生关系'。培根说方法是'心的工具，是在黑暗中照亮道路的明灯，是条条蹊径中的路标'。对孩子来说，工具就是想和做的能力的延伸和升级，家长要助推利用工具提高效率的行为习惯和操作能力。我小时候您常挂在嘴上的两句话让人很受用，一句是'结果不重要，努力很重要'，另一句就是'**努力很重要，方法更重要**'。"

"道理都知道，具体不去做的话，知道了也没用。家长嘴上说结果不重要，可孩子没考好又大发雷霆。说方法很重要，但没有助推孩子寻找验证好方法的行动，说也是白说。只有不断实践才能推高孩子利用工具的能力，父母在孩子动脑、动手之前要提醒他思考，有没有更高效的方式路径、有没有更好的工具可以使用。帮孩子养成习惯并持之以恒，孩子一定是个特别会干事的人。"

"记得我初一那年提出要自己组装一台玩电竞的电脑，您爽快同意，但给我提了几条要求，一是先报批硬软件技术方案及性价比分析表，二是准备齐顺手的工具，三是自己动手组装，开机一次成功。那次经历使我收获很大，尤其是动手能力有了质的提高。记得在按下开关后通电成功的一瞬间，我的愉悦感、成就感、自信心瞬间爆棚，从此有种把电子设备当成自己另一只手的感觉。"

"电脑就是人脑扩展的工具，一定要让孩子玩好用好，千万不能有风险就因噎废食，导致孩子在大数据、人工智能环境中缺乏竞争力。还有钱，钱也可以是一种工具，理财是一项大能力，也是要从小培养、十三四岁开始实操的事情。"

理财力应当是孩子的必备技能

"现在的教育越来越重视培养孩子的'财商'，不像以前缺少金钱财富课，甚至耻于谈钱、羞于谈钱，耽误了不少人。"

"没耽误你吧？"

"有您和老妈，我怎么会被耽误呢？五六岁就干家务出卖那点可怜的劳动力换钱，心理烙印深刻呀。"

"怎么听着有点别扭啊，悲惨童年是吗？"

"开玩笑的哈，实践证明我大学前接受的金钱观教育还是很受用的。小时候怎么能理解金钱是商品等价物的呢？超市好看的糖果琳琅满目，你们不给买、不让吃。看别的小孩吃，我快被馋死了，怎么办？您说干家务可以挣钱，挣了钱就可以自己做主买糖果。我用自己挣来的钱买糖果吃了，也懂了钱是糖果的等价物，是可以换糖吃的东西，是自己干家务换来的。大一点就知道钱也叫货币，糖果就是商品，干家务是劳动力价值输出，从干家务到买糖果吃就是价值交换过程。上小学，我攒了些压岁钱，您让我去银行存了一部分，又跟我借了一部分，借的部分签了协议，用途、回报、借期、抵押等一应俱全。中学阶段鼓励我买股票，让我帮您做点上市公司的价值分析，从实践中学到很多金融知识，再看亚当·斯密和马克思的书就不是原来那么空了，理解也深刻一些。"

"中学时总结的几个原则还记得吗？"

"那必须不能忘：一、金钱无优劣，用钱的人有好坏；二、有钱不一定有幸福，但金钱助力获得幸福；三、金钱的来路要正确，衡量的标准是可不可以公开见光；四、金钱的去处要正确，衡量的标准是会不会带来损害和灾殃；五、不到万不得已不借进钱，借进的前提是确保能还上或以后利益有分享；六、不是嫡亲不借出钱，是嫡亲最好送出不借出；七、金钱是解决生活、事业问题的好工具，可以生出更多的钱、得到更强大的工具；八、获取金钱不是人生目的，而是人生理想之车的燃油。"

"富裕家庭的孩子对钱的感觉比较差，应该让其重视金钱，通过出卖体力赚钱，体验金钱的来之不易，养成金钱用之有益的习惯。穷人家的孩子对钱比较敏感，应该让其轻视金钱，了解有钱人是怎么赚到钱的，掌握有钱人的思维，制订可行的财富计划，创造致富机会，一步步努力实现财务自由。"

"您刚说的创造机会，将是孩子长大后独立生活的主旋律。人工智能的发展取代了越来越多的工作岗位，要真正实现自我价值，只靠社会分配不行，更多的是要自己去创造机会，要有创新能力。"

"咱们看昆鹏今天的最后一洞，看他能不能再入账小鸟、提升排名。"

> 卡诺斯蒂球场在夕阳照耀下显得金碧辉煌。第九洞是个四百七十八码的狭长四杆洞，左侧是界外区，右侧暗藏沙坑，加上蜿蜒的沟渠，给开球上球道造成了很大困难。电视镜头里出现了准备打第一杆的昆鹏，但见他从球包中抽出的不是一号木，而是长铁杆。通常大炮型选手都会选择打够三百三十码越过沙坑区，给第二杆创造好条件，但这种选择往往带来较高的失误率。昆鹏选择用长铁杆把球放到二百五十至二百六十码球道最宽的区域，确保开球留在球道上，为攻果岭创造一个舒适的击球环境。这一创新策略并不多见，取决于二百二十多码上果岭停球的技术水平。结果证明他的打法非常正确，成功捕获了一只小鸟，排名上升到第三位。

孩子的创新能力从哪来

"老爸，看来哪一行都需要根据时代发展进行创新，二百年前卡诺斯蒂球场建造的时候，二百二十码攻果岭很难，停住球更难，所以把沙坑障碍区设计在一号木的落球范围里。现在的球和球杆用了新材料、新工艺，运动员的身体素质也提高了很多，所以昆鹏会选择既稳妥又积极的创新打法。"

"世界每分每秒都在变化，跟上变化离不开创新，领先变化更依赖创新。道理人人都懂，但只有少数人能做到，因为真正的创新不仅需要有创新思维，更要有创新作为，敢想敢干，会想会干。练就这一能力非一日之功，必须从小启蒙，特别要在中学阶段下功夫。遗憾的是，我们常常不注意培养创新能力，有时还会遏制孩子的好奇探索、漫天想象、大胆思维、自我表现、挑战权威和探险行动。"

"今后的竞争，无论是国与国、企业与企业还是人与人，主要就是创新力的竞争，甚至有学者喊'要么创新，要么死亡'。科技发展越来越快，竞争维度差越来越大，创新能力强的会对缺乏创新力的形成降维打击态势，如果按'黑暗森林法则'看，还真是个生死问题。"

"中国传统文化中有些保守的处世之道，比如明哲保身、'木秀于林风必摧之''枪打出头鸟'。孩子从小就被灌输要'乖'，在家听爸爸妈妈的话，在校听老师的话，在单位听领导的话，服从、听话是做人的本分。在此文化环境的熏陶下，人本能的创造冲动主要都用在了怎么当那杆打出头鸟的枪、怎么拉帮结派做摧残秀木的风，而不是尊重创新、支持创新、跟进创新，久而久之形成巨大的民族内耗，在诸多领域错失了领先世界的发展机遇。"

"老爸，我觉得目前的学校教育仍过于标准化，缺乏创造力考评。学生缺乏挑战老师权威的勇气，这观念远远落后于时代了。"

"信息时代的师生关系如果还停留在工业时代，就会耽误很多有创造潜力的学生。如果学校环境改变不了，家长一定要告诉孩子：要像尊重所有人一样尊重老师，不必高出别人一等；要像对待同学一样对待老师，都是学习的伙伴，可以质疑、讨论和辩论；要像对待向导一样对待老师，因为老师的价值就是引导学生在正确的道路上学习；要像对待培训机构的老师一样对待学校的老师，如果老师德不配位，可以要求更换，以维护学生的基本权利。为什么给孩子说这些看似不利于师生关系的话？因为除了父母家庭，老师对孩子的一生影响巨大，不能将就；因为老师也是普通人，也有很大的局限性，如果孩子束缚在老师的边界里，如何期待他具备跟上时代、超越时代的创新力呢？"

"要鼓励孩子独立思考，挑战自我的同时敢于挑战权威，敢于标新立异。建立这样的思想基础，方能生发创新思维、创新作为。"

"记得你十岁那年的暑假，我送你一本英文版的《时间简史》，看完后，你对霍金老先生关于亚原子分裂等问题提出异议，老爸实在搞不懂，但我给的意见是**孩子质疑权威，对不对不重要，敢不敢很重要**。"

"童言无忌很可贵，长大世故了，有想法要表达反而顾虑重重。"

"你看啊，大多数诺贝尔物理学奖的成果都是物理学家年轻时研究发表的，所以练就创新能力不能拖延、等待，一个人身心力高峰的时间窗口期很短。"

"从小就要激发孩子的创新欲望，根据爱好提早制定目标，鼓励实践，参与竞赛。不要让孩子等到进入大学还没明确事业方向，大学要毕业了仍然寻常度日考研、找工作，在生命最灿烂的阶段随波逐流。对一般人而言，这样过活也许不错，但对有创新潜力的人才来说就太浪费、太可惜了。"

"家长要避免给孩子灌输自己都没搞清楚的道理，还要鼓励孩子拒绝别人试图捆绑他的思维定式，要支持孩子**坚持自主分析判断，坚持思想意识独立，坚持平视世界、提出问题并寻找答案**。"

"但在现实生活中，有个性的孩子可能不讨人喜欢，甚至会经历一些挫折。"

"那不见得是坏事情，正好锻炼孩子的抗挫力。"

"遭遇挫折情境后还能扛得住压力和打击，知难而上，摆脱困境，这可是一种非常难得的大能力。"

经常被忽视的大能力

"这种能力虽然在基因中有记忆，但大多数安逸生活的人都把它深埋了，往往在命悬一线的时候才能唤醒。"

"所以要早点激活，在安逸时激活，在挫折前激活。您在讲塑造好性格时说对小孩子要'九夸一挫'，就是激活抗挫力的方法吧？"

"随着孩子年龄增长，要逐渐增加到两挫、三挫、四挫、五挫，使孩子越挫越坚，越挫越勇，甚至越困难、越艰险就越兴奋、越有斗志，这样才能成为坚韧不拔的战士。"

"我还缺练啊，工作一遇到困难、压力一大，情绪就容易波动，有时候还会出现逃避心理。这点比昆鹏差太多，您看他前九最后一洞失误打加二，成绩瞬间下滑二十多位也看不出沮丧急躁，仍然心态平稳、斗志昂扬，后九又追了上来。"

"家长出于疼爱孩子的心理，很少有意锻炼其抵抗挫折的能力。即使大学和工作单位也不太重视这方面的考核，但忽视的往

第二部分　力

往是非常要紧的能力，因为这是成功者的必备特质，甚至抗挫力层级和事业成功的层级成正比关系。"

"老爸，有什么好招推高孩子的抗挫力？"

"没有灵丹妙药，只有长期锻炼。抗挫力实际是一种综合能力，和孩子的成长经历也密切相关。同样的经历，常年参加激烈对抗体育项目的孩子会更强一些，比如足球、篮球、冰球、摔跤、散打、击剑。对十五岁以上的孩子，还有一个超常的办法，不一定合适，但效果可能很好。"

"给我试过吗？"

"很遗憾，没试过，这是我的问题，一是担心占用太多时间，二是担心你年龄小，接触到不良的人。"

"不是搞推销吧？"

"正是，因为推销员是最容易感受沮丧的职业，经常遇到拒绝、冷落，甚至嘲讽、谩骂。商品卖不出去是家常便饭，挫折感觉日夜相伴，很容易怀疑自己，想一逃了之。"

"难怪说起牛人，总统排第一，推销员排第二，其实竞选总统也是一个推销过程，是自我推销加团队推销。这本事如果在中学阶段练就，那成为大学牛人、工作牛人、事业牛人都没问题。"

"大部分工作离不开推销，走上社会再面对，还不如早一点在学校就开始练，没有业绩压力也就不怕失败。虽然耽误读书的时间，但收获远大于书本所得。这门社会大学的课程内容复杂又精彩，涉及商品服务、市场客户、营销心理、公关交际、商务谈判、合同协议等等。你可以想象，若干订单成交之后，一个孩子的成长将多么令人惊喜，抗挫力一定比同龄人高出好几倍。"

"哎呀，我上学时要是没缺这课，现在工作会轻松不少啊！"

"所以说该让孩子经历的不能错过，从生命的意义上讲，能经历的尽早经历也是活出精彩的路径。宇宙虽然不存在时间，但人还是遵循熵增定律的生命体。薛定谔说生命的意义在于熵减能力，在人体有序程度高、无序程度低的阶段，加大负熵能量的信息录入，等于延长了生命过程，放大了生命价值。"

"成长就是历练的过程，孩子早晚要离开父母的庇护，独自迎接风雨雷电的洗礼。能力强大的和能力弱小的，其生命价值将呈现不同的状态。想起高尔基在《海燕》中写的：'在苍茫的大海上，狂风卷集着乌云。在乌云和大海之间，海燕像黑色的闪电，在高傲地飞翔。'高尔基描绘了在严酷的环境中，海鸥在害怕，海鸭在颤抖，只有海燕在欢快地叫喊：'让暴风雨来得更猛烈些吧！'"

第六章
辨力提高靠思考

第 166 届高尔夫英国公开赛正赛第二天的最后一组球员走向十八洞果岭，领先三杆、高居排名首位的汤普森手扶帽檐向欢呼的观众致意。这个身高一百九十五厘米的高尔夫天才几乎拥有偶像明星的所有标签：奥运会高尔夫项目冠军，雄霸世界第一宝座二十七个月，年轻的亿万富豪，顶级时尚杂志上榜美男，其忠实球迷粉丝遍布世界各地，更有无数少女为之疯狂。汤普森接过球童递上的推杆准备抓当日最后一个小鸟球，突然观众刚刚停止的掌声换成了骚动，只见一位金发女郎身穿比基尼冲出观众群，扑向汤普森。大概是对此早已习惯，汤普森没露出半点惊慌，他礼貌地扶住女郎的腰身，脸颊接受了一记突如其来的热吻。汤姆森的两名保镖飞奔上果岭，架走女郎，交给维持秩序的警察。看到这一幕，观众们开怀大笑，目送被警服裹住的女郎进入警车后扬尘而去。观众安静下来后，汤普森反复试挥，但还是受到影响，力道稍大，推失了一个三码小鸟球。

"太可惜了，这个距离，他本应该手拿把攥。"

"大冷天的，这女孩子何必呢，于人于己都没啥好处。"

"老爸，您年轻时追过星吗？"

"我小时候没明星，只有英雄雷锋、王杰、董存瑞。后来时代变了，推崇数学家陈景润什么的，再后来就是企业家。这些都是学习的榜样，但没当明星追过，更没有现在追星族那股子忘我的劲头。"

"偶像崇拜是青春期重要的心理特征，符合人的成长规律，不必视为洪水猛兽，但也不能掉以轻心，毕竟有一些孩子可能会把追星发展成盲目崇拜，把偶像当成精神寄托，狂热模仿，危及个人健康甚至影响社会秩序。"

"经常有新闻报道说，很多大型音乐会都有歌迷现场昏厥甚至死亡，人只有出现极其强烈的精神反应，才会导致这样的结果，几乎和疯狂邪教过量吸毒差不多。你说哪个家长不担心啊，好好的孩子为了个八竿子打不着的人，整日价哭哭啼啼傻说傻笑，有多少钱花多少钱，发现有多少质疑的就跟人干多少架，歇斯底里的，甚至出现精神障碍，这谁见了不心疼啊！"

"所以，培养孩子独立思考、准确判断的能力太重要了，按您3618的说法，在十五至十八岁这个阶段，重点是要提高辨力，对吧？"

"维度稍高有点难，别说孩子，就是成年人也很难。"

"虽然人类是靠编造故事统一思想、凝聚力量而发展起来的，但也因此经历了无数的悲惨苦难。对于现在的个人和家庭来讲，无论经济活动、物质消费还是精神生活，几乎每天都离不开观察、思考、辨别、判断，因为利益争夺、欺骗诱导无处不在。"

"勒庞曾在《乌合之众》中阐述，当个人融入了群体后，个性会被淹没，思想会被群体思想取代，而群体就会出现情绪化、无异议和低智力的特征。你说现在网络社会信息透明度这么高，这种特征还存在吗？"

"按理说，一百多年前勒庞基于法国大革命的思考，在今天应该过时了。但恰恰相反，勒庞阐述的现今不仅存在，而且还加剧了。因为有了互联网强大的传播力，有了自媒体强大的影响力，虚拟化和匿名化可以让人肆无忌惮地宣泄情感，这使网民群体中的乌合之众在社会事件中发挥的作用越来越大，共同取向的从众心理作用也越来越强。特别是有些青少年，急躁冲动，缺少个体理性思考和主观辨别，聚集了愚蠢而非智慧，被蛊惑利用，人云亦云，推波助澜，甚至沦为网络暴力的推手。"

"所以老爸特别害怕你们年轻人因为缺乏独立思考和主观辨别能力而从众从流、丧失理性。这心情能理解吧？"

"我理解，所以从初二开始，我就努力了解历史的真实，了解哲学家的探索，遇事多问几个'为什么'，尽力做本质思考，搞清楚底层的动机和目的，您不也是这样要求我的吗？"

"时代发展并没有使人更理智，这源于人很难改变的本性。传销和邪教被整治几十年仍然可能死灰复燃，那些居心不良的网络大V、意见领袖利用自己的影响力，发动粉丝左右舆情，以达到个人和利益集团牟取暴利的目的。大量年轻人被洗脑，充当了

'炮灰'，被出卖了还帮人数钱，可怜、可气又可悲，所以提高辨力是每一个家长不容忽视的大事。"

"高中生正处在思维发展的黄金阶段，辩证逻辑思维成长快，正是提高辨别能力的好时机。家长具体怎么做，您的建议是什么？"

提醒孩子眼见的未必是真相

"社会有真相，但是真相往往隐藏在你看到的'真相'后面。这是正常的，因为有利益纷争，因为人自私的本性，因为社会由丛林演化而来，还没摆脱弱肉强食、适者生存的逻辑。那为什么和平环境中的小孩，看到的感受的多是笑容、爱护、善良、美好呢？那是人类繁衍本能使然，是同类怜悯情怀的展现。当孩子长大成人、具有争夺资源的能力之后，社会立马向他展示出另外一面，很多人会手足无措，需要很长时间才能适应。如果孩子在高中阶段家长就告知其真相，提高其辨别的能力，孩子走上社会后会轻松自如很多。"

"但是孩子刚上高中您突然告诉他，社会并非洒满阳光，还有不少灰色和黑暗地带，存在大量的谎言欺诈、不友善、不公平。孩子短时间内很难接受吧？"

"高中生的心理成熟度足以承受这一转变，但是也要讲究方法，实事求是，循序渐进，把现象讲清，把道理说透。首先要告诉孩子，事物都有两面性，社会也一样。阳光的一面是正向力量，尽管有理想成分，但这是人类生存发展向前走的依托。如果不大力弘扬善良、美好、礼节、道德、公平、正义，如何凝聚大多数人向上向善、包容和解呢？这也是我们看到的真相，但这是明相。另一面真相则是暗相，就是隐藏在明相后面的利益争斗。一些目的不纯的人一般都是以明相为手段，以暗相为目的。这些人披着光鲜的道德外衣，说着鸡汤一般的道德良言，然后千方百计为个人或某个群体谋取利益。所以，家长要告诉孩子，不能轻信光鲜外衣和道德良言，不仅要听他们怎么说，更要看他们怎么做。"

"社会上有很多声称教你赚钱的人，实际大部分都是想赚你钱的人。他们非常热情，让你感到一定能解决你的问题和焦虑，实际上那些问题和焦虑多半也是他们制造的。"

"一些金融骗子利用花样繁多的文字游戏和精美包装，把庞氏骗局上演了一场又一场，割了一茬又一茬的'韭菜'。"

"很多初高中学生受奢侈品广告和明星代言影响，不顾家庭经济条件，缠着父母买昂贵的名牌衣服、球鞋，有的甚至从头到脚都是奢侈品。家长明知道高档穿着对孩子的学习和成长没有任何帮助，但还是省吃俭用攒钱给孩子买。孩子穿起来是挺美，但他不知道自己已经掉进了消费陷阱之中。当然，有条件买的话也不是多大的错，但不论买还是不买，家长都要告诉孩子背后的真相，利用这一机会提高孩子的辨别力。"

"这个老爸又要夸你，初三那年暑假你着手写一篇关于符号社会的论文，快写完了发现鲍德里亚已经出过书就没发表，但你给我讲的道理让我自愧不如。你说当阶级固化被打破，消费成为社会主流后，商品就被赋予了标签属性。人们付出更多金钱购买名牌奢侈品，主要不是购买实用价值，而是购买社会身份、地位的标签。资本、企业、营销媒介通过制造和传播标签价值，来满足消费者对自我存在、阶层差别和富有成就的心理满足。当穿上、用上了明星同款和贵胄阶层使用的大牌商品，普通人也会得到一种虚无缥缈的成功幻象，这一幻象就是获利方操纵贡献方的手段。这一手段之所以大行其道，源自人性中扎根于久远的社会等级分配需求。当标签符号化、系列化、流行化后，巨大的消费陷阱就挖好了，不了解真相的人往里跳，了解真相的人也有往里跳的，但学生是真不该掉进去，没什么好处，反而会助长虚荣的风气，甚至被超限消费欲望控制。人过度追求物质和外表，一定会弱化内在精神的陶冶，花大钱买来的结果往往事与愿违。"

"所以，让孩子了解真相是他们顺利成长不可或缺的，也是他们未来成事不可或缺的。比如他们再听到那些成功者大声呼吁要遵守规则、公平竞争，就不会轻易相信，因为他们知道，真相是成功多半来自不守规则、要打破规则的努力。只有绝大多数人遵守规则，少数成功者才有更成功的机会。"

"社会的暗相的确有点残酷，但对于两面都看透、辨别力强大的人，那就不算残酷，而是现实存在，可以游刃有余地应对。"

"总之，家长要经常提醒孩子，对于看到的、听到的，特别是让你兴奋、感动、有参与冲动的事情，都要停一下，冷静思考，问问为什么。建立第一时间原则，就是首先不信，不管对谁，包括熟悉的人，都要坚持这一原则。最要警惕那些突如其来的好处，必须拒绝，要知道天上不会掉馅饼，天下没有免费的午餐。"

"这样的话，孩子会不会成为怀疑论者？"

"不会，理性、成熟都是从怀疑开始的，科学态度也是从怀疑开始的。科学本身也是只能被证伪，而不是被证实。"

"一个人总要信点什么吧，没有信仰，灵魂安置何处呢？"

"当然，怀疑、质疑、批判，不是啥都不信，反而是为了信得对、信得值、信得踏实。"

"那对于孩子来说，我认为就是信科学最踏实。"

"当然，从父母的角度看，孩子信科学相对比较安全。但我们都知道，科学也不能死心塌地去信，更不能成为信仰。"

相信科学也是相对而信

"那倒是，科学精神就是怀疑本身、突破本身、不迷信、不停步的态度。"

"孩子经常听家长和老师说要追求真理、热爱真理，那什么是真理、如何追求、怎样热爱？家长要自检，懂就是懂，不懂就是不懂，不能用一句空洞的话要求孩子，而要以批判性思维和求真务实的态度，坐下来和孩子一起讨论。"

"从哲学角度理解真理有太多说法，我觉得孩子不必花大把时间去都搞清楚。在高中阶段，理解一条就够用：真理即客观事物及其规律在人意识中的正确反映。既然通过人的意识，那就决定了真理既有绝对性也有相对性。不建议孩子深究真理的绝对和相对，只要注意，在辨别过程中，用以下两句话把问题放在特定范围内去衡量：在特定范围内反反复复出现的客观必然是真理，在特定范围内通过实践检验达成主观与客观一致是真理。比如：在宏观上，经典力学是真理，在微观里，量子力学是真理；在低速运动中，牛顿力学是真理，但在高速运动中，爱因斯坦相对论是真理。"

"家长和孩子讨论问题，应该带点口头禅：是事实吗？你怎么证明？有什么证据？引导孩子在辨别中尽量不受情绪左右，不带主观臆断，训练孩子科学求证的态度和思考习惯。"

"虽然科学注重实证，但所有实证都是在有限条件下的实证。以往的很多科学在今天已经不科学，同样，今天的科学在若干年之后也可能变成谬误。例如德谟克利特的'原子不可分割'理论长达一千七百年被视为真理，连伟大的牛顿都把原子视为宇宙大厦的'最后之砖'。1897年，英国物理学家汤姆逊发现了电子，证明了原子是物质最小单位这一'真理'并不科学。电子的发现对人类科技发展厥功至伟。但遗憾的是，汤姆逊和以后的很多科学家又断言电子不可分割。甚至到了20世纪中叶，众多基本粒子被发现之后，科学巨匠、量子力学的奠基人、德国物理学家海森堡还宣布了'物理学最终论'。结果没过多长时间，美国物理学家盖尔曼提出了'夸克模型'，1995年，费米国家实验室找到了顶夸克，物质细分达到小于千分之一飞米的层面。那对物质细分的科学研究，人类是否获得了真理？获得诺贝尔奖的当代物理学家格拉肖受毛泽东辩证法思想影响，提出夸克可能由更深层的物质组分构成，并命名为'毛粒子'。那有没有呢？2003年7月，中美科学家合作，通过北京正负电子对撞机有了新的发现，虽然这个新粒子转瞬即逝，但有力证明了格拉肖的推断。我们从科学发展史看到，真理就是被不断刷新的过程，所以不必迷信科学和科学家，信科学也要以质疑求证的理性态度相对而信。说一个搞笑的科研成果，2011年有个著名的科学家团队，宣称中微子的速度比光速快。通过CERN原子粉碎机测量，发现中微子比光束快了六十纳秒。当时轰动世界，差点把爱因斯坦老先生气得从棺材里跳出来。结果第二年研究团队自己推翻了这个错误结论，问题是验证设备一根电缆接触不良造成的。您说这成果如果被大量采信，将造成多大的科研投入浪费？"

"说到爱因斯坦，他在发表相对论之前问了多个天文学家宇宙是否在膨胀，因为他的方程式描述了一个变量的宇宙。但天文学家告诉他宇宙实际上是稳定的，爱因斯坦就改变了方程，增加了一个宇宙常数。结果，情况出现反转。十年后，哈勃证实宇宙在膨胀，爱因斯坦捶胸顿足，说自己一生最大的错误是搞了个宇宙常数。但是宇宙时空特性科学研究发展到今天，可能又要出现反转，宇宙常数将理论与观测值相匹配被重新提到研究日程。"

"世间一切都是变化的，唯一不变的就是变化本身。如果一个孩子能养成用发展的眼光看问题，当是前途可期呀。"

"科学发展就是不断变化，特别是科学理论，永远无限趋近真相，但可能永远不会与真相重合。"

"正因为这个原因，科学离不开哲学。刚聊的物理学家格拉肖，受毛泽东辩证法思想影响提出'毛粒子'，就说明了科学和哲学的关系。"

"古希腊的哲学和科学是不分的，哲学探求世界的一般本质规律，科学探求世界的特殊本质规律。哲学影响和指导科学发展，科学佐证和促进哲学发展。纵观科学发展史，伟大的物理学家们无不充满着哲学睿智，牛顿把自己的数学著作也命名为《自然哲学的数学原理》。"

"所以，高中孩子想要快速提高辨别能力，应该学一点哲学。"

"这点老爸不完全同意你的说法，高中甚至初中生接触哲学没问题，但不是学哲学，而是先了解哲学史。"

了解哲学史，而非哲学

"我理解您的意思，哲学不像科学那样有普遍认同的定理公式，哲学没有最终共识的标准结论，体系又过于庞大复杂，让孩子如何接受和选择呢？"

"是的，这个世界有很多事情与人类发展背道而驰。各个族群几乎都出于一己之私，对很小的孩子灌输某种'世界观'，以保证孩子长大后维护本族群的利益。人类实现持久和平、实现世界大同的理想为何遥遥无期？因为思想从来就没有一致过。太阳系就是这么一个太阳系，地球就是这么一个地球，人就是同样的一个脑袋两条腿的人，为什么就是不能心往一处想、劲往一处使呢？根本原因虽然是对资源的占有和争夺，但更深层的原因是思想的巨大差异。如果一代又一代继续灌输谬误、背弃真理，即使核聚变可控了，能源问题永久解决了，科技高度发达了，人类大同也没有希望，人类文明说不定还会毁于一旦。"

"您的意思是孩子不要急于受某一种特定哲学思想的固化影响，而要通过了解哲学史，清楚哲学是怎么发展过来的，清楚有哪些哲学家对世界产生了怎样的影响，清楚哲学与科学、社会和人的关系，然后再决定学习的重点内容。"

"对，先了解哲学史，提高辨识力，就能从较高维度上切入具体内容学习，从中吸取前人思想的精髓，滋养睿智的头脑。哲学和其他学科一样，也有继承、扬弃、创新的逻辑。柏拉图思想高楼的地基离不开亚里士多德，理解了康德才能真正理解笛卡尔，搞懂黑格尔方知他之前的哲学家到底在讲什么。"

"家长可以挑选一两本真实讲述哲学史的书籍，和孩子一起阅读讨论，共同提高对哲学的认识能力和思辨能力。"

"不太好选，特别是哲学家写的哲学史，取材多少都有基于自家学说与立场的取舍，例如罗素的《西方哲学史》，文采斐然，行文流畅，可读性很强。但书中也毫不掩饰他的主观评判甚至偏见，不适合中学生读。纯粹从读史的角度，可选梯利的《西方哲学史》，比较客观，也相对全面，但是读起来有点费劲，需要有一定基础。北大出版社出版的赵敦华的《西方哲学史》和冯友兰的《中国哲学简史》，学生可读，简明扼要，脉络清晰，诠释严谨，立论平实，从希腊哲学的非宗教精神讲到黑格尔哲学的余波，从先秦诸子百家争鸣讲到王守仁的知行合一。"

"《中国哲学简史》非常通俗易懂，因为是冯先生写给外国人看的。有些段落很精彩，也澄清了一些观点误解。例如中庸，他说'中'的本义是恰如其分，'庸'是寻常度，逢事于心要把握好分寸，避免物极必反、事与愿违。"

"了解哲学史，能让孩子的思想境界得到一次大跃升。从古代到如今，人类精神世界是如何一步步发展过来的？从感性到理性，东西方哲学为何异彩纷呈？从唯心到唯物，巨匠伟人立说立论，为啥你说服不了我、我说服不了你，但你中又有我、我中又有你？搞清楚哲学史的基本问题，再遇见其他问题，特别是中学课本中的问题，孩子会发现这些问题一下子容易了不少。"

"从哲学史看，数学也能解决很多哲学认知。'空间一个点没质量、没大小''两条平行线两头无限延伸、永不相交'。这些结论达成人类共识，成为真理，数学上称为公理。中国古典哲学的定位就在公理上，强调去悟内心深处的理念，老子的'道'、孔子的'仁'、庄子的'玄'、程朱的'理'、阳明的'致良知'，都是悟公理的思想成果。东方哲学的'心学领悟'和西方哲学的'逻辑推理'，都创造了辉煌灿烂的人类精神文明，这本身就是哲学的辩证统一。"

"孩子内心的很多根源问题，其实都是哲学问题。宇宙从何而来？人生如何度过？善恶如何辨别？世界如何发展？人类归宿何在？了解哲学史会给解决这些问题打下一个牢固的基础。"

"我自己体会，了解哲学史以后，想事情不自觉就爱刨根问底、寻根溯源。"

寻底层逻辑，做本质思考

"我们面对的世界太过复杂，面对的问题多如牛毛，面对的挑战应接不暇。因此，成年人都疲惫不堪、心乱如麻，更何况承受学业压力、即将走入社会独立生活的孩子。为了让他们轻松一点，家长应该帮助修炼一项本领，就是遇到问题从底层逻辑入手，通过本质思考寻找答案，提高分析判断和正确处置的效率、效益。"

"底层逻辑就是对最基础的事实规律的思考认证，您刚说我们面对的世界过于复杂，这是普通人的个体感受，但站在巨人肩膀上看他们思考认证的基本事实规律就简单了。复杂世界离不开物质运动，无论宏观宇宙还是微观粒子，无论空间还是时间，都离不开物质运动。宏观物质的运动逻辑遵循万有引力，微观物质的运动逻辑遵循量子力学。大千世界里，生物种类繁多，其底层逻辑就是物竞天择、适者生存。您说我们面对的问题多如牛毛，面对的挑战应接不暇。如果是来自人和社会，我感觉底层逻辑就是对人的繁衍本能及基于此对生存发展资源占有的基本事实认证。"

"了解底层逻辑是一回事，能把遇到的具体问题分解剖析到基本事实层面是另一回事，这就需要修炼出本质思考能力。特别是人们经常遇到的烦心事，如上当受骗、遭到背叛、人际关系紧张等等，有的人就能抓住要害、排忧解难，有的就深陷其中、难以自拔。面对职场和市场，有的人能把利益分配关系拎得清清楚楚，安排得井井有条；有的人就一头雾水、一团乱麻，搞得一塌糊涂。这些是躲不开的事情，为什么不能通过学习训练做前一种人呢？为了让孩子走上社会后轻松一点，教会孩子本质思考是家长不能回避的责任。"

"老爸，按您这么要求，做个合格家长太难了，得每天学习才行。"

"家长不是终身学习者，每天却盯着孩子看书写作业，甚至自己一边玩手机、看电视、打麻将，一边盯着孩子学习，你觉得孩子能学好吗？你骂社会不公，怪上辈子没有阶层跃升，自己却碌碌无为，这有用吗？家长可以物质上贫穷，但精神上要富有；可以社会身份一般，但品格境界不低俗；可以不是什么行业精英，但不能心甘情愿地接受平庸。因为你是孩子的第一榜样，你的行动也是孩子的第一动力。你在努力中，孩子就在努力中，你奋斗了不成功没关系，你仍然是孩子心中的英雄。"

"赞同。那具体做起来有什么简单一些的办法吗？"

"对，办法一定要简便易行，因为寻底层逻辑、做本质思考的目的,就是为了方向正确,以最小成本找到最佳解决方案。对孩子来说,办法有几个。办法一:'除非'。人之所以面对复杂问题有压力,是因为面对扑面而来的表象信息一时理不出头绪。简单应对的方法就是把表象信息都列出来,结合万事万物的普遍规律一个个加以剔除,然后沿着剔除不掉的表象顺藤摸瓜,**物的事以数理求证,人的事以需要对位,社会的事以利益衡量**,基本就能把事情的本质分析个八九不离十。"

"昨天听同事说孩子上网被骗了。他玩网游时看到送豪华外挂的信息,便主动联系对方加微信。对方说是帮别人发消息,推了另外一个微信账号,第二个账号又推了一个新账号,新账号又创建了一个微信群。之后说规则是:先开会员,再付定金,然后交保证金,还要发红包,最后才能得到外挂。在豪华外挂的诱惑下,有很多孩子上当受骗。如果孩子有本质思考的习惯,就会剔除掉'送''账号转账号''群托'等一堆不合普遍规律的表象信息,顺着'定金''保证金''发红包'的线索,摸到对方的真正目的就是骗钱。"

"高中孩子养成寻底层逻辑、做本质思考的习惯,更大的现实好处是对所学课程的深入理解记忆和纵横融会贯通。比如数学本身就是表述世界间底层逻辑的,物理学只有用数学才能更准确地揭示宇宙万物的本质。物理学的底层逻辑对了解生物学、地理学的本质提供了更坚实的认知基础。生物学、地理学的底层逻辑又深入影响对社会、历史、政治和文学艺术的本质认识。所以,孩子在学校课程之外,多看各类书籍,多了解各方面事情,对提高学习成绩有很大帮助，道理就在这儿。"

"通识、多元化、个性化教育，是培养创新型人才必不可少的。跨学科学习能帮助学生整合、完善思维体系，站在更高维度揭示本质、解决问题。"

"第二个简易办法是：'精词'。通过'除非'将问题本质分析了八九成，孩子一般情况下就会做出结论并付诸行动。因为有概念模糊、情绪起伏、环境影响、时态变化等因素，孩子的行动可能遭遇阻碍甚至挫折。因此，对结论要在语言用词上精练再精练、浓缩再浓缩，尽量做到精确、精准。"

"这个好，可以排除无关、庞杂的信息干扰，甚至可以做一次概念上的格式化，使问题更清晰、决策更准确。"

"还能大大提高孩子的沟通能力，长时间训练的结果是孩子能把事情听得明白、说得清楚，把事情理得正确、办得利索。"

"尤其是减少冲动，这对青少年来说太重要了。"

"办法三：'换位'，就是换不同角度审核问题结论。有了自己的结论之后，要换到问题相关各方的立场和角度判断结论是否正确。有能力的还要站在无关人员和专家的角度，从没有利益得失的立场再看看，是不是没有真正深入底层，抓住事物核心的本质。"

"老爸，您这是把高中生当成社会精英看了。"

"为什么不呢？每个孩子天生都一样，长大后出现差别，是因为他们在成长过程中思想进入的维度不同。你帮助孩子进入思想的高维通道，结果再差也比在低维区域里徘徊的人强。思想是自由的，可以受环境影响，但不受环境限制。打个比方，即使你是个大山深处的孩子，没有电话，没有互联网，只要你识字，有一套康德全集和词典，你一样可以把两千年西方哲学成果学进脑袋里，甚至有可能像康德一样成为思想巨人。只要相信孩子有无限可能性，就有希望创造奇迹。"

"我理解您的意思了，人的大脑天生爱偷懒，要突破这种惰性，从中学阶段就要强化训练。人习惯受基于自身利益的情感支配，以致主观冲动，需要有一定的意志力，以理性主导思维。人由于生存本能，自然对压力过度反应，也需要以底层逻辑做本质思考来战胜恐惧。"

"老爸有点理想主义，如果孩子们十八岁之前就具备这种辨力，那该是多让父母安慰的事情啊。"

"抱歉哈，老爸，虽然想让您在这件事上感到安慰，但孩儿我真的做不到哇。不过努力之后还是有收获，特别是读一些历史书，上当少多了。"

连类比物读历史

"你引发了一个好话题，青少年如何读历史？"

"说历史是任人打扮的小姑娘不合适，但历史是胜利者书写的倒是没错。站在单方立场书写历史，一定掺杂了主观意志和意识形态。所以我们读历史，要寻底层逻辑、做本质思考。剔除编的、假的、改的，看清实的、真的、根本的，才能以史为鉴、以史明志。"

"胜利者有权记录和传播历史，肯定要美化自己，那为什么很多历史记载美化了敌人和对手呢？"

"敌人和对手高大上，那不是更加美化了自己吗？您看《史记》，项羽多么伟岸，刘邦平庸甚至有点猥琐。项羽真的'力拔山兮气盖世'吗？未必。这可能有司马迁自身不幸和同情失败者的影子，但还是汉皇帝明智，不加修改反倒使高祖形象更加高大上了。"

"依你这么分析，读历史还真是要里外上下左右对比着读。"

"特别是高中阶段的孩子，看历史书尽量多找几个不同观点的版本，对比着看，思考着看，得出相对准确的结论。"

"凭空捏造的历史少见，但加以修饰的历史常见，还有一部分是被篡改的历史。不同观点、不同立场的史书放在孩子面前，如何得到相对正确的结论呢？这关系到建立怎样的历史观，也影响到价值观、世界观，所以必须正视和回答。"

"历史史实与历史故事是两个概念，建议孩子首先选择学术上认定的正史来读，例如，先读《三国志》，再读《三国演义》，就不会把小说故事当成史实了。从正史了解到的是历史史实，史实应该接近于真相，但不一定完全是真相。考古发掘成果可以在一定程度上补充文献记载之不足。例如，《史记》记载了夏朝，我们不怀疑司马迁是一位严谨正直的史官，但他记录的也是距当时两千年前的历史，到目前为止还没有夏朝本身的文字出现。所以，夏朝历史是否真实存在呢？这就要借助考古发掘的成果，河南偃师二里头发现夏朝都城遗址，通过碳-14测年，距今三千七百年到三千五百年，再根据考古地层学等综合研究，可以认为是夏朝中晚期的遗址。我们可以认为这是打开神秘夏文化的一把钥匙。

"对历史人物的评价就更加马虎不得，不能按照眼前的道德标准甚至现实政治需要来定论历史人物的是非功过。我还记得我上初一的时候全国批孔子，至圣先师成了'孔老二'。很多传颂千年的事迹一夜之间变成了劣迹。甚至还有捕风捉影编造故事攻击孔夫子人格操守的，简直滑天下之大稽。你想知道当时我信不信吗？"

"您信吗？"

"不仅当时相信，之后多年对儒家文化都是持完全批判的态度。无知导致的相信对孩子影响特别大，就像一块脏抹布洗干净要费很大的劲。"

"您把《论语》竹简挂在书房，是为了修正年少时的迷失吗？"

"我两次去曲阜，一次是带你去的，记得吧？每当我拜谒阙里至圣庙，都感到有些忐忑，也许内心里觉得对不起孔先师。"

"看来，实事求是地评价历史人物，对青少年成长影响很大。我小时候看过一个电视剧，演的是唐初玄武门之变。看到李世民射杀亲哥哥，就认为他简直是丧尽天良。一直到上初中我才转变认识，接受司马光的说法：'太宗文武之才，高出前古……盖三代以还，中国之盛，未之有也'。李世民不仅对中华民族的繁盛有重大贡献，其人格魅力亦声名远播。玄奘会见印度戒日王，戒日王询问玄奘：'你来的大唐国就是秦王的国家吗？听说秦王少年时就见识非凡，长大后英明神武，远谋大略，兴慈悲之心，救苍生，平海内。四方仰慕称臣，百姓感恩戴德。我们听到对他的赞颂已经很久，都属实吗？'玄奘一一作答，令距长安万里之遥的印度王赞叹不已。我们回望贞观之治开启盛唐，太宗皇帝真是厥功至伟。即便如此，我还是要谴责他杀李建成、李元吉以及他们的后代，但是我的道德评判不能左右我对历史人物的客观评价。《资治通鉴》也详细叙述了李世民兵变，把它描述成李世民遭遇死之威胁时的无奈反抗。从秦王舍身救父、冲锋陷阵、建立唐朝的历史事实看，当时他身处险境、奋力自保是合乎逻辑的。所以，看待历史人物一定要置身当时的情况，站在公正角度以二分法给出结论。"

"判断史实应该穿越回去，置身当时的情境中分层分析，也要将历史当作一个整体来研究，抓住本质，重证据按逻辑加以归纳。"

"例如判断历史记载是否真实，可以先核查作者亲见史实在时间上有无矛盾，如果驴唇不对马嘴可能就存伪；还可以核对用词、用典、用句是否属于同一时代，否则可能就是后人的伪作；也可以找到同期的史实真本，对比说话方式、文体风格，如果出入较大也许有假；对于历史人物的言论，可以看是不是遵循他一贯的思想体系，如果矛盾对立则不可轻信。"

"高中学生要是能这样学习历史，一定会增加思想成熟度。学历史就是沿着人类社会奔流不息的时间长河，将过去、现在和未来连接在一起。从历史中汲取经验和智慧，加深对社会发展规律

第二部分　力

的认识和把握。用更宽阔的眼光认知世界，对眼前发生的做出比对分辨，对即将发生的做出理性预判。正如法国历史学家安托万在《历史学十二讲》中说的：'历史学不是要培育关于过去的充满了彼此永远隔阂的怨恨或认同的回忆，而是要努力理解发生了什么以及为何发生。它是在寻找解释，试图确定原因和后果。'

> 遥远的卡诺斯蒂球场渐入夜色，暗黑色的海面映衬着蓝宝石一般深邃的天空。闪烁的繁星投射在黑色的海面上，浪花如同一只只巨大的跳跃着的萤火虫。伴随海的节奏，远远传来悠扬的风笛声。尽管听起来像练习者的吹奏，但音色依然淳朴高亢，带着浓郁的田园气息。风笛声穿透潮湿微咸的空气，随着阵阵海风滚起的草雾拂遍起伏的球道和果岭。据说苏格兰高地大风笛是很难演奏的乐器，几百个练习者中才出一名真正的风笛手，那么这名风笛手一定是对风笛泛音有着超出一般的理解和感悟。世界就是如此神奇，同样的人做同样的事，同样经历几乎同样的过程，但结果却千差万别。归结原因，不是事不同，而是人不同，也许这是老天的有意安排，让我们的世界看起来丰富多彩、生机盎然，充满各种各样无法预知的可能性。
>
> 第166届高尔夫英国公开赛正赛第三天，上午时分，阳光灿烂，球道两侧人山人海，掌声、欢呼声此起彼伏。全球各大体育媒体争先恐后地做现场报道。目前并列第四的美国年轻选手菲利克斯身穿宽大的外衣，走上第一洞发球台，裁判介绍后，周围球迷热情鼓掌，所有镜头都对准了这位常有意外之举的明星。果不其然，菲利克斯慢慢脱掉宽大外衣，向观众挥手并缓慢转了一圈，发球台瞬间安静了下来。但见他背上挂着一块纸板，上面清晰地印着一个标志，是国际上颇具争议的宗教组织的象征。裁判员连忙要求他取下

> 来，但菲利克斯辩解说，这和每个运动员都佩戴的商业品牌代言标志一样，是合法、合规的。裁判难以说服菲利克斯，就请来组委会主席，以组委会的名义要求他放弃掺杂意识形态的行为，否则将取消他的比赛资格。取消比赛资格意味着菲利克斯将损失巨大，不仅拿不到赛事奖金，还会大幅降低世界排名，甚至可能失去后面其他大赛的资格。在球迷焦急的等待中，菲利克斯选择了放弃比赛。现场和电视机前的数千万观众都为他的退出感到惋惜。

"老爸，信仰的力量真是强大，菲利克斯自从信了这个宗教就如同换了人。本来有冲击世界第一的潜力，这下都丧失了。"

"可惜，菲利克斯从事这项运动极具天赋。他虽然生在富贵人家，但从小的孤独和不幸还是在他的心理上留下了问题，看来他在这个被谴责的宗教组织里找到了心灵安慰。"

"古往今来无数哲人探究论证，至今也说不清人的心灵为何难以安稳。一个人无论身体如何强壮、权力如何强大、财富如何强盛，仍摆脱不了寂寞、恐惧、焦虑、愤怒、猜忌、痛苦等对心灵的冲击和折磨。"

"要是哲学家能说清楚，医学家能办明白，也就不会有宗教了。"

"所以，人要建立信仰，要让心有驿站，灵有归宿。"

"人是要建立信仰，向上求得精神力量。但这是活人重中之重的一件事，不可轻易盲目。对于高中阶段的孩子，建议经过几个思想过程后再做选择。"

有信仰之前先信自己

"我这样理解您看对吗？孩子如果想抬头仰望、交托灵魂，别着急，先要平视眼前的世界，做出自己的观察、思考、验证。如果有能力掌控自己的心灵，那就信自己没错。如果能造就一颗强大美丽的心灵，那不仅引导自身，还能帮助别人。"

"非常美好的愿望，不管做得到做不到，家长都应该帮助孩子试试。"

"全世界意识形态浪潮愈演愈烈，蔓延到生活各个方面。我原来喜欢看好莱坞大片，现在兴趣索然，很多电影都样板化了。"

"这是危险征兆，两次世界大战惨绝人寰，多少青少年高喊口号命丧战场。当然，战争的根源是经济政治危机，但意识形态冲突也起到了推波助澜的作用。"

"那具体要帮助孩子怎么做呢？"

"还是老生常谈，围绕四个字展开：观、疑、查、辨。观要远观、宏观、近观、细观，抓住问题、放眼世界、放眼未来，回顾历史、看清本质、兼顾眼前。疑就是要寻找问题、提出问题，人间没有无缘无故的爱，也没有无缘无故的恨，缘故是什么？问自己、问典籍、问明白人。"

"往往问题提够了、提对了、提准了，问题也就解决一半了。"

"会提问题是个大本事，提够了说明观得比较全面，提对了说明观得方向正确，提准了说明观得细致精心。建立这样的基础，查起来就省事多了。针对问题找证据，多比对，看别人的经验教训、反思自己的进退得失。经过这样一个过程，明辨是非、明辨美丑就辨之有理、辨之有据，得出的结论也是实事求是、去伪存真的。"

"事情看清了、想通了，心也就明了，眼也就亮了。什么该信、什么不该信，都是建立在自信基础上的选择。"

"**轻信是对自信的背叛，确立世界观先要观世界。有了观、疑、查、辨的过程，信仰即成为深思熟虑的思想成果。**信仰不是被别人拉上来的，也不是被推上去的，而是踩着自己建立的台阶一步步坚实地走进属于自己的精神殿堂。"

"在现实生活里，各种意识形态在互联网、人工智能强大技术力量的配合下，对人的洗脑几乎是时时刻刻、无处不在的，家长、孩子想躲都躲不掉。"

"躲不掉的事就正视它、看清它、应对它，家长要帮助孩子锻炼分拆解析意识形态的能力。从学术上讲，意识形态是观念的集合，主要指特定社会政治团体的精神主张。分析意识形态一般也在这个范畴内进行，例如政党、社团等组织的纲领政策。人头脑中的意识形态不是与生俱来的，而是社会施加的产物，所以带有明显的功利目的，有取向，有立场，有主义。可见意识形态不是观念集合这么简单，现实中跟进的是严肃的争论、争夺、争斗，甚至还有暴力冲突。"

"在现实生活中，很少有人不受意识形态的影响，家长对孩子潜移默化的影响最大。"

"对于普通人来说，意识形态一般和自身利益密切相关，表达立场多是基于短期利益的诉求，屁股决定脑袋。所以，家长要注意，不要给孩子灌输你的意识形态，一是你的意识形态不一定对孩子有好处，生活是变化的，对孩子有益的道路可能和你走的不一样；二是你的经历和孩子不一样，你的经验不一定都能帮助到孩子，可能还会关闭开阔孩子视野的几扇窗。"

"那我明白了，面对各种影响，家长不是让孩子接受自己的观点，而是把主流意识形态做个分拆解析，最好和孩子一起搞。"

"头脑建立意识形态这件事，孩子不必着急，**先有主意再谈意识形态**。什么主意呢？就是遇到意识形态先**分拆解析**。分：虽然意识形态内容广泛、门类众多，但是基于人类社会利益分配的底层逻辑，本质上又有高度的集中性，也就是说可以区分归类到几种主流的意识形态圈子里。拆：按照主流意识形态理念，拆掉云山雾罩的词汇乱象，找到其一句话表达的核心诉求。解：搞清楚核心诉求代表什么群体的利益，是用什么行动和实践代表了特定群体的利益，拥护哪些人、引导哪些人、反对哪些人、打击哪些人。析：意识形态产生的经济基础是什么？是如何一步步走到今天的？其地位、作用、力量对上层建筑的影响有哪些？对经济发展、世界格局和未来走向发挥的作用是什么？还有目前主流意识形态之间的斗争和力量对比以及发展态势。"

"老爸，家长都有这本事，专家们就没饭吃了。"

"我说的是要有主意，不是要具备能力，最后还是找专家的著述来学习参照。但是要对比着看，对专家的说法也要分拆解析，因为他们都有各自的立场和目的。"

"对，分析意识形态不能教条，建立意识形态更不能教条。只要你有一个社会大脑，你就摆脱不了意识形态。反意识形态，本身也是一种意识形态。所以要帮助孩子理清楚、看明白，让他们的思想精神大厦建筑在坚实地基之上。"

"你看美国这些年意识形态出现极化，左翼自由主义和右翼保守主义二元对立越来越激烈，从政治领域到经济领域，从政治人物到普通民众，尤其在文化、种族、教育、道德方面树立起一道道电网围墙，甚至有些法条都改得极端意识形态化。其根源虽然很复杂，但主要还是长期经济增长缓慢，贫富差距日益增大，虚拟经济比例过重，单极主导世界的能力也大不如前，以往美元流向全世界、高额利润流向美国的常态发生了改变，国际贸易逆差状况一时难以扭转。在对国家权力的争夺上，选民意识形态多样化加上选举制度本身的制约，使参选政党的主张更加鲜明和极化，加剧了意识形态的极化。如果孩子喜欢看美国电影、玩美国电游、追美国明星、跟美国时尚，家长帮助孩子看清其中隐藏的意识形态内核，是不是能让孩子提高鉴赏水平，接受积极影响、抵挡消极影响呢？"

"能分拆解析意识形态的孩子，当然比不能的孩子更清醒。"

"提高孩子的辨力，必须通过方方面面的认识和实践，要在孩子十五到十八岁的阶段加强锻炼。当孩子离开父母的视线走向独立生活的时候，他带着一双慧眼，长着敏锐心眼，是行者也是智者，不受骗、不迷路、不失足，家长即可把心放在肚子里，不必跟随着去颠簸。"

"老爸，您这理想主义也是一种意识形态哈。"

"调侃我是吧？理想主义挺好，不过就是累一点。为孩子挨累是做父母的本分，也是幸福的来源。"

"老爸，我理解您的善意，是希望孩子十八岁独立生活以前，生活得健康快乐，学习得有价值、有效率，能成为有独立思辨能力、客观理性处置问题的人。但这个年龄段的孩子青春热血，按您这培育辨力的方法，会不会压抑孩子的激情，使他变得过于冷静？"

"冲动是魔鬼，孩子能把魔鬼关进笼子里有什么不好呢？客观不等于消极，而是高维度的积极；理性不等于冷漠，而是高层次的热情。生活中有黑、有灰、有暗，但更多的是光明和灿烂。每天都有让我们失望、郁闷甚至愤怒的事情发生，每天也有让我们安慰、欣喜、充满希望的事情发生。被理性武装了头脑的孩子，不是要压制自己内心的感动，不是要拒绝美好情感的浸润，而是**不禁感动、谨慎行动**。他们具有无比丰富的精神世界，具有爱意澎湃的心灵体验，但付诸的每一个行动，都是深思熟虑的决定。面对纷争多变的社会现实，他们**心明眼亮、独善其身**；面对错综复杂的人际关系、交际圈层，他们**分寸适度、看破不说破**；面对不以个人意志为转移的客观存在，他们**胸怀理想、接受现实**，秣马厉兵等待时机；面对越来越动荡不安的世界，他们以**正直仁爱之心、雷霆霹雳手段**和千千万万维护和平的人们一道，为人类发展创造持久美好的未来。我们也知道，不是每个孩子都能成为这样的人，但一定会有越来越多的孩子成为这样的人。这是父母师长共同的愿望，也是我们推荐家庭无教育法的良苦用心。"

> 一阵风雨撕开了卡诺斯蒂球场上空的乌云，强烈的阳光从乌云缝隙间倾泻而下。同样灿烂的笑容回到观众脸上，欢呼和掌声从第九到十八洞此起彼伏。进入第三轮下半程的比赛，仿佛紧了又紧的发条，不断积蓄着即将在决赛轮爆发的动能。从昆鹏自信的表情看出，他仍然保持着平稳的心态和清醒的头脑。从挥杆稳定、落点准确看出，他对风向、风速、雨水、温度的变化导致的球道、果岭参数的改变，辨识清楚，应对自如。占据排名榜首位的仍然是偶像级球星汤普森，相差三杆紧随其后的是北爱尔兰老将尼尔，昆鹏和一位外卡球员拜欧·罗伯特并列第三，距离第一名相差四杆。

"老爸，这位拜欧·罗伯特好生奇怪，少言寡语，名不见经传，好像从天而降，杀进了大满贯。"

"媒体到处搜索他的履历资料，拿到手的都是从业余到职业、以外卡身份参加本次大赛的简单介绍。我很想知道他的家庭和青少年阶段的成长经历，但组织方无从提供。"

"虽然是参加大赛的新人，但从技术角度看，没有选手比他的击球动作更标准、更精准、更一致，我感觉拜欧·罗伯特是冠军强有力的争夺者。"

"我不看好他，他表现得过于机械、功利。高级别比拼，往往拼的不是形而是心。这项亲近大自然的运动，虽然起源于八百年前牧羊人打发闲暇时光的游戏，但发展到现在，它已经成为诚信、自律、礼仪、风度、理性、挑战自我的一项身心修行运动。高尔夫竞赛的对手不是排名榜上的其他人，这个对手只有一个，就是自己。每打一杆、每攻一洞，每一次计算、每一次判断，都围绕自己制定的全场策略，结合时时变化的球场环境，以一颗纯粹之心，抛掉功名利益纷扰，禅定一般一次次去追求自我救赎、自我净化、自我升华、自我涅槃。"

"是啊，孩子成长也应该追求这种境界。要为好成绩、高分数、上名校、高收入工作这些功利目标奋斗，也要在精神追求上力争进入高维通道。经过实践行动使所学所知成为真知灼见，真知灼见又促进实践行动收获更大成果。不断追求，达到'心即理''知行合一'的高度。"

"说到'知行合一'，我们就引用阳明先生的话结束今夜关于辨力的讨论：'尽天下之学，无有不行而可以言学者。则学之始，固已即是行矣。笃者，敦实笃厚之意。已行矣，而敦笃其行，不息其功之谓尔。盖学之不能以无疑，则有问，问即学也，即行也。又不能无疑，则有思，思即学也，即行也。又不能无疑，则有辨，辨即学也，即行也。辨既明矣，思既慎矣，问既审矣，学既能矣，又从而不息其功焉，斯之谓笃行。非谓学问思辨之后，而始措之于行也。是故以求能其事而言谓之学，以求解其惑而言谓之问，以求通其说而言谓之思，以求精其察而言谓之辨，以求履其实而言谓之行。盖析其功而言则有五，合其事而言则一而已。此区区心理合一之体，知行并进之功，所以异于后世之说者，正在于是。'"

[第三部分]

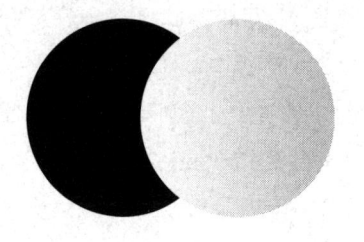

福

第166届高尔夫英国公开赛进入决赛日，来自世界各地的球迷披着朝霞，蜂拥到发球台和球道果岭两侧，兴奋地等待一场争夺葡萄酒壶奖杯的大戏上演。这项始于1860年的古老赛事，从苏格兰普雷斯特维克俱乐部首场比赛一直延续到今天，是高尔夫历史上最早且最富声望的大赛，也是目前世界四大满贯参赛人数最多的大赛。参赛选手不仅有职业运动员，还有业余运动员并且获得过冠军，其中波比·琼斯三次夺冠，哈洛德·希尔顿两次夺冠。英国公开锦标赛群星灿烂、充满传奇，最让人称道的是父子球手老汤姆·墨利斯和小汤姆·墨利斯。老汤姆四次夺冠，最后一次已是四十七岁运动高龄；小汤姆四次卫冕，第一次捧杯只有十七岁。公开赛历史上参赛的最小球员也是小汤姆，当时刚满十四岁，而年龄最大的是七十四岁的格纳。高尔夫是一项开放的民众运动，在卡诺斯蒂球场第一个登记打球的不是公侯伯爵，而是一位叫罗伯特的普通百姓。自1502年有明确文字记载以来，从放羊倌到手工匠人，从官僚贵族到国王王后，无数人痴迷这项深藏哲理、助长心智的运动。中世纪的苏格兰本是一片苦寒之地，加上长期与英格兰的战争，平民百姓贫困交加，生活悲惨，但是他们却以极大热情投身高尔夫运动。圣安德鲁斯大学的学生，必须具备两项技能：射箭和打高尔夫。那时的球杆也都是由生产弓箭的作坊制作的。是什么魔力让苏格兰人难以割舍高尔夫运动，历经数百年，热情不仅不减，还传播到世界各地？哪怕在天涯海角、荒凉沙漠、寒冷北极，都有球场可以参加比赛，都有球迷呼喊欢聚。不变的球道、果岭，走过一代又一代打球的人，从少年走到老年，重复着一个简单的挥杆动作，直到挥不动、走不动，还要坐着轮椅，跟随孙辈重孙辈，宣示着痴迷的传承。这跨越时空的孜孜追求不离不弃，只有一个理由，那就是人们在高尔夫运动中，找到了充满希望、不息不灭的幸福感。

第七章
种　福

"可怜天下父母心，很少有父母不希望孩子生活幸福。但什么样才算生活幸福？没有统一的标准。有的人认为吃饱穿暖、结婚生子就是生活幸福，有的人认为升官发财、光宗耀祖才算生活幸福。每个孩子落地人世的时候都一样，但活法都不一样，一辈子的生活更是千差万别。人生漫漫，变幻莫测，父母的希望也仅仅是希望。孩子具体生活成什么样，父母的作用十分有限。纵然父母实力雄厚，把孩子的每一步都安排妥当，就读好学校，找到好工作，置办好房子，定门好亲事，甚至分配好产业，买好保险信托，看起来万事俱备、万无一失，但还是有两件事无能为力，一件是天有不测，另一件是心有不甘。"

"为人父母辛苦付出的最大动力，应该就是为下一代活得更好吧。有条件的尽力多给孩子留点财产，多些保障，如果您刚说的极少数实力雄厚的父母都有不足之处，那大多数普通人又能留下什么样的遗产呢？"

"父母留下房子、金钱、股票、动产、不动产，对孩子是福是祸不确定，因为留少了禁不住贬值和消耗，留多了可能会养了懒人和纨绔子孙，一代不如一代。最大的遗产不因父母的贫富贵贱而有区别，而因父母的精神境界而有轻重。"

"那父母留下最大的遗产应该是什么呢？"

"是**把握幸福的本事**。"

"老爸，感觉有点虚呀。"

"一点都不虚，再实在不过了。世间风云变幻莫测，人生不如意事十之八九。想像父母期望的那样安逸、快乐地活一辈子，可能吗？就算你有三代人花不完的遗产，你心的状态始终能保持在安逸的状态吗？你活着的存在感、价值感甚至自尊与期许足够吗？你能在充裕的物质生活里保持精神世界的丰富和平衡吗？难。"

"也对，敢说自己依靠遗产幸福一生的人还真少见。"

"从宇宙看，人类太渺小了，连一粒沙子都算不上。无数人历经从生到死，些微痕迹都留不下。就是影响了人类社会进程的所谓世纪伟人，放在浩瀚时空中那又算什么，都不如一颗极小的流星闪亮。说到底，人就是一个生命过程，肉体上和花草树木飞禽走兽一样。吃得好不好一样，穿得好不好一样，住得好不好也一样，该来的来，该走的走，到了终点都赤条条地化为泥土，没有什么差别。但是——"

"哈,我就想听您这'但是'。"

"但是,站在量子世界看,个体的人,与其他生命体又是那么不同,又是那么巨大而神奇。因为人具备独特的可记录的超越时空的感受和思想。"

"您是说,人生而不同、活而不同,其区别不是肉体的生命状态,而是感受的状态和思想的状态。"

"一大桌子身份相近的人围坐酒宴,吃着同样的饭菜,喝着同样的酒水,聊着同样的话题,但能说他们内心的感受和所思所想也像饭菜酒水一样一致吗?肯定不一致,甚至可能南辕北辙。他们身体的状态可能差不多,坐在同样的椅子上动嘴磨牙。但他们心的状态则各不相同,有的在当下,有的在过去,有的在未来,有的平和,有的紧张,有的愉悦,有的是假愉悦。人相同的仅是存活,不同的才是生活。"

"我理解了,父母给孩子留下多少钱财是次要的,给孩子留下把握幸福的本事才是最重要的,这笔遗产价值巨大,不可估量。"

"人活一生有质量,质量高低取决于幸福感受的程度和时长。这个三分在天、七分在人,在人的七分是靠学习、思悟、修炼得到的,也是当父母的以言以行、用心用力帮助孩子去得到的。"

"那得当爹的先具备这一能力,然后才能把它作为精神财富去传承。"

"你小子提醒我哈,老爸检讨起来真是做得不到位。主要是情绪控制不好,心态修养欠佳,常常因为怒气把建立起来的幸福感吹得七零八落。追索原因，还就是年少时缺少人生幸福课，缺失对如何幸福活着的深入思考和践行。"

"爷爷奶奶没给您传承幸福课吗？"

"很少，因为他们活着的大部分时光都无幸福可言，残酷战争和身体疾病带给他们太多伤痛，能活下来已经不错了。他们对匮乏的物质生活几乎无感，但精神苦闷、内心挣扎却从来没有停止过。他们是伟大而苦难的一代人，在新中国成立的那段时间，那代人一定是充满了幸福感的，后来他们运气欠佳，但个人创造幸福的努力也不够。永远是工作第一，不在意身体健康，心态主要取决于外在环境而疏于内心生发，将自己的政治生命看得比自然生命还重，缺失对于爱情、亲情的本真表达，不重视营造温馨喜乐的家庭气氛等。二分天不济，五分不努力，幸福就很少了。"

"是啊，孩子离开家长独立去生活，最重要的根本问题是能不能获得幸福。幸福需要创造，还要学会享受，这就要具备把握幸福的本事。这是个大本事，父母有责任帮助孩子领悟和掌握。"

"是这意思。"

"但是'幸福'一词有多种定义和解释，在父母对孩子上，您的理解是什么？"

"幸福是一种相对稳定的心理状态。首先，这种心理状态是积极乐观的，主要是在面对生活不顺利的时候仍能保持积极乐观的心态。其次，需要经常感到满足的心理状态，这个源于对生活理想和目标恰如其分的设定水平，以及对心理预期的把控能力。最后，需要相对平衡的情绪和长期愉悦的心境。这点基于前两条产生的结果，也有赖于维护平衡和创造愉悦的能力，以及善于化解内心纠结和消弭孤寂的心理能力。"

"这些好像和物质条件、生活环境都没啥关系呀。"

"有关系，但不是决定性的关系。一个人居无定所，吃了上顿没下顿，缺失安全感和存在感，除了少数人，大多数人是难以获得幸福感的。但是善于建立幸福感的人不会屈服，而是积极去创造，那么努力创造的过程本身也就是把握幸福的途径。"

"听您这么说，我弄清楚了，普通人没必要花大把时间，去深究心理学家、哲学家对幸福的学术解读，太多也复杂。特别是家长帮孩子把握幸福的本事，抓住重点，潜移默化，长期坚持就行了。"

"是，幸福理论形形色色，流派甚多，对幸福的理解和表达更是数不胜数，都了解并且搞懂不现实，建议抓住几个实在的点去做：第一是养育孩子健康的体魄；第二是帮助孩子明确活着的意义；第三是帮助孩子建立生活的理想和目标；第四是帮孩子学会养活自己的技能；第五个有点难，是孩子心理平衡的练习和愉悦心境的构建；第六是帮助孩子学会分享幸福，带动亲近的人共建幸福。父母养育儿女最重要的就是让孩子幸福生活，父母在世的时候，儿女幸福生活，父母过世了，儿女也能幸福生活。为下一代种福是为人父母的责任，也是为人父母本身幸福的来源。"

"都把老师比喻为园丁，我看真正的园丁还是父母啊。"

"老师播种知识，父母播种幸福。种福如种树，生根最重要，你认为幸福的根应该是什么？"

有福的孩子有福根

"应该是健康吧?"

"没错,孩子有没有福,健康是基础,没有健康的话,无福可言,无福可享。"

"前两天,咱们聊了零到三岁要锻造好体格,三到六岁要塑造好性格,六到九岁要打造好人格,在十岁之前要夯实身心健康的基础。那孩子大了,即将离开父母独自生活,这福根还要施加哪些营养呢?"

"健康的生活方式,是固筑福根的基本保障。"

"这对年轻人来说还真是个高要求,特别是大学生,保证充足睡眠这一条都很难做到。"

"从小就要养成早睡早起的习惯,这需要家长督促,特别是高中阶段,不能因为学习紧张就熬夜。成绩是一时的事,健康是一生的事。"

"现在很多年轻人因为肥胖,已经患上中年甚至老年的疾病,都是因为不注意平衡饮食,高糖、高热、油炸等'垃圾食品'摄入过多又缺少运动造成的。"

"健康的生活方式在年轻人中难以实现,并非理念不被年轻人接受,而是健康的生活方式需要较强的自控力和意志力,调节和管理大脑对多巴胺的渴求。"

"我觉得这主要取决于打小养成的生活习惯是不是健康,这就看父母给没给种上这份福,比如零点前不睡觉就困得睁不开眼,油腻的吃多了就恶心，每天不跑跑就浑身发紧、不舒服，闻到烟味就烦，酒喝过二两就难受。"

"能给孩子种上这份福的父母，是了不起的父母。这得从孩子幼年时开始下功夫，每一天、每一顿饭、每一个生活细节，十几年坚持不辍。不仅要做出来，还要讲道理。甚至让孩子间接体验不健康生活方式的危害，形成深度的生理、心理厌恶，防止日后独立生活后可能出现的放纵。"

"听起来很难做到。"

"说难很难，说不难也不难，关键还是在于父母。父母的生活方式不健康，孩子养成好习惯就难。父母很注意平衡饮食，不抽烟，少喝酒，爱运动，能保持积极向上的精神状态，潜移默化影响孩子，这件事就不难。"

"我认为，在当代社会，健康生活方式的核心是体育运动，让孩子爱上一项运动特别重要，不仅锻炼身体，满足青年人对多巴胺的需求，更有助于心理健康。"

"对年轻人来说，跑步是最佳选择，能获得多方面的锻炼和满足。"

"人都怕死、怕得病，都想健健康康活得长久，这就要在良好的生活习惯上下功夫。"

"所以，称职的父母要培养孩子良好的生活习惯，这既是自己的福分，也是为自己添寿。"

"人首先要爱自己，然后才谈得上爱别人。遵循健康的生活方式，就是爱自己的具体表现。这样的人也是值得信赖的人，一个连自己都不爱惜的人，很难为他人的幸福去努力。"

"人乃万物之灵，肉体经过三十多亿年的进化，经历无数危机而不灭，并且日臻完美。人的身体构造堪称奇妙，在哺乳动物中，独有的直立行走奔跑、独有的温度调节系统、独有的手部肌肉运动都是那么不可思议，组成人体的无意识的原子创造了一个个呈现智慧生命状态的人。今天高度发达的科学研究也无法彻底解释人生命的神秘。人的身体内布满了细菌，携带着一百七十多种病毒，却仍然健康长寿、活力四射，即便遭受细菌、病毒的侵染，绝大多数也能自愈。人的生命力如此强悍，但也有免疫设定和压力防御的限度，超出限度后，人的生命又是那么脆弱。所以，人不能轻视自己的身体，因为拥有它是一种神奇而极大的幸运。"

"说到人身心之神奇，医学实验证明，人如果每天都对自己说类似'我很健康''我没病''我浑身充满活力'这样的话，时间长了，身体的免疫水平就会提高。这和您前面说的把握幸福就要保持积极乐观的心态一样，长期乐观积极的心态就会提升幸福感。"

"墨菲定律有一条就是说'如果你担心某种情况发生，那么它就更有可能发生'，所以，逢事要往好了想、往宽了想，愉悦心境就会逐渐构建起来，持之以恒就会呈现幸福状态，生命场与环境就会更加融洽，好事情也会接踵而至。"

"有一种吸引力叫幸福吸引力，幸福满满的人能赢得更多人的信赖和追随，能汇聚更多的资源和能量。"

"心理健康是健康生活方式的高维内容，不是明白了就行，家长还要帮助孩子通过生活细节去历练。"

"冥想应该是好办法吧？"

"正确冥想当然好，但孩子练有点难，唱歌、跳舞、朗诵、弹琴、打鼓、游泳也都是好办法。"

"还有个好办法，就是心有郁闷就大声喊出来，找个没人的空间破口大骂都可以，就是别长时间憋在心里。"

"孩子离开父母走上社会，免不了承压受挫、与环境冲突，容易焦虑、茫然甚至怨恨，不能及时宣泄掉，累积久了就可能出现抑郁，所以要以积极的方式卸去消极不良的情绪。其实不难，首先是不逃避、正面接受，小的不愉快通过深呼吸就能缓解，自己想不通的事找信得过的人倾诉一番也许就通透了，大的、难的事一时放不下也别急，人活在坎坷中本是常态，不安稳也是常态，约三五个好友到大自然中玩耍几日，站在上天的视角俯瞰人如蝼蚁的世界，再和那些伟大的先人们对对话，一切皆应释然矣。"

"前些年对应'卷'，流行过'躺平''摆烂'。摆烂不可取，但我认为偶尔躺平倒是有益无害，可以让绷太紧的人放松下来，休息好了重新出发。"

"一个人能处于积极、放松状态十分难得，不管做什么事，工作、生活，特别是体育运动，积极放松都会创造好的结果。这需要长期磨炼获得，非一日之功。老爸几十年努力都做不好的事情，主要原因就是没有学会这一条。除了功利心作祟，还有小时候心性塑造不足的底层原因。"

"我认为自己不擅长的不必非干不可，健康生活方式的重要一项就是选择自己喜欢的事情做，特别是事业要和热爱结合在一起。每天的辛苦可能都是快乐，遇到困难都是让人兴奋的关卡，在别人眼里的无聊寂寞在你这里都是充实甚至是幸福。"

"现在实现温饱生活已经不是大问题，所以有条件能按自己的意愿去生活。你们赶上了好时代，这就是幸运、福气，得之幸福当以幸福报答之，要珍惜、保重，别让父母担心忧虑。"

平安之福，半在人为

"我们总能听到'祝你平安'这样的祝福，说明平安这件事主要是靠老天，人很难控制随机出现的变数。"

"不然，平安之福一半由天、一半由人。天有不测之风云，落谁头上是命数。例如地震，祖地几十上百年安居乐业，忽一日地动山摇，人们就只能苦苦承受。坐飞机万分之几的事故率，赶上就是百分之百的危险。但面对此等灾难，人就不能有所作为吗？不，一半由人。如果住在地震带上，你要选择抗震级别高的房屋居住，学会发生地震时的逃生避险本领。坐飞机时，你要先判断飞机的安全状况，了解航线的气象变化趋势，感觉风险过大就变更调整，尽量将概率放在安全的万分之九千九百九十几这个区间。"

"面对同样的灾难，有的人就能平安度过，除了幸运之神眷顾外，也有基于自身智慧和能力，特别是敏锐的预见力活下来的。"

"记得我当兵时,有一年在四川沱江边受训,恰逢天降大雨十余日,江水暴涨。我忘了是第几天时上级下令撤离,但我们延迟执行了命令。因为江边有百姓守护财产不愿撤离,已被困在水中的屋顶上,那时候十分贫穷,仅有的房子、家当真是看得比命重。连队放下冲锋舟去营救,但入水就被裹着断树杂物的浑浪卷翻,反反复复根本救不了。眼见房倒屋塌人被洪水吞没,很多战士急得大哭,结果没救下村民,我们自己也被困在土山上,绝粮数日,依靠空投才挺过来。从这教训看,面对不可抗拒的天灾,人需要敏锐的预判和理性的决断。老天不是没有给机会,是人自己不去把握,囿于利益或是情感羁绊,以致身处险境,难以逃脱。"

"父母要帮助孩子建立'君子不立危墙之下'的意识,进入陌生之地须先评估风险,并敏锐感知环境变化,一旦感觉可能身陷险恶,就应当迅速脱离。这不是胆小而是理智,不是怯懦而是真正的勇敢。莽夫才做无谓牺牲,战士原则先是保护自己,才能消灭敌人。"

"父母不能把注意力都集中在孩子考学上,要拿出时间培训孩子的安全意识和求生技能,一旦遇到险情,避免伤害或减少伤害的概率会大大提升。"

"别说明显有危险的事情,就是生活中习以为常的事,搞不好也会出问题。孩子离开父母的庇护,都要靠自己来保证安全,很多事情必须提前掌握。例如:走上社会后,人际交往时会有应酬,注意酒喝大了不能一个人睡觉,避免发生呕吐窒息的惨剧;离家在外喝水吃饭一定要检查纯净度和新鲜度,防止食物中毒;服用抗生素期间不能喝酒，包括含酒精的饮料和藿香正气水，避免出现双硫仑样反应，导致休克甚至死亡；炸食物时，油锅起火不能用水泼；沾水的手不能摸电源；冬天室内生火、封闭车库着车都容易一氧化碳中毒。还要学会户外活动如何预防毒虫叮咬、中暑、冻伤、摔伤以及如何救治，要学会辨识有毒植物，特别是毒蘑菇，也要了解一些野外生存技能，一旦遇险就用得上。在旅途和娱乐场所中，不要吃喝陌生人给的东西，自己的饮料水杯也不要离开视线。不要去陌生人的住处，无论这个人看起来多么人畜无害，这几点女孩子尤其要注意。不要登录暗网，更不能因为好奇在里面瞎联系，搞不好就会被坑害。长期生活在阳光下的孩子，对黑暗威胁缺少警惕性和防御力，但黑暗威胁其实就在身边。更要警惕花样繁多、伪装越来越精的毒品，一旦吸食成瘾，好人也会变鬼，让美丽青春毁于一旦。"

"孩子闯荡世界要去很多地方，不论实体空间还是虚拟空间，都要进行安全评估。可以把要去的地方划分三色：绿区是安全域，黄区是警惕域，红区是危险域。去黄区必须有熟悉情况和有处置能力的人陪同，红区坚决不去。比如出国，包括美国、欧洲、南美、东南亚，当地人会告诉你哪些地区不能去，去了可能就出不来。"

"如果孩子出国去拥枪自由的地方，还要提前了解遇到枪击时如何躲避自保。国内长大的孩子，对这类情况缺少防范意识。"

"你刚说孩子长大要去很多地方，但总会有个相对固定的长期居住地，在那里学习、工作、生活，也许结婚生子，再像父母一样陪育自己的孩子长大。这个长期生活的地方要下点功夫去选择，做父母的应该给出意见或者帮忙。"

择福地，养福气

"世界之大，山河气象万千，策马逐梦，四海皆可为家。智人祖先历经几十万年迁徙，从东非走遍全球，形成不同肤色、不同种族的人群。眼下虽然孤立主义甚嚣尘上，但伴随科技进步，世界大同不可阻挡。年轻人不受羁绊，哪里有前途、哪里有幸福就去哪里生活。"

"天地不同方觉远，共天无别始知宽。人工智能将解绑一条条捆住腿脚的绳索，让越来越多的有志青年离开家乡，走向全国、走向世界，按照自己的心愿选择奋斗和生活属地，去追求成功、追求幸福。成功之地、幸福之地就是他们的福地，父母要结合自己的经历、经验给出建议。"

"您还记得当年给我的建议吗？"

"一个原则三个匹配？"

"是，一个原则是'**最适合你的地方就是世界上最好的地方**'。你的福地不一定是众人嘴里的好地方，也不一定是所谓遍地机会、俯首拾金的地方，而是能让你的价值最大化、潜力能发挥、成长有空间、获得幸福感的地方。"

"符合这一原则，具体用三个匹配来衡量预选的目的地。一是你想要什么样的生活，预选地是否符合你心中梦想生活的场景。这个很重要，这是收获幸福的基础，因为源自你心。二是你的学识、智力、能力、体力在那里有没有用武之地，和当地的人力资源比有没有优势，也就是你能被利用的价值在那里处于什么层级。这一匹配决定你的生存状态和生活质量，以及心理上的自我认同感和社会存在感。"

"我记得第三个匹配是自己的特长结合当地发展，能不能充分发挥，有没有不断扩大施展空间的可能性。你的背景、资源、学习能力、交际能力，能否支持你只要努力奋斗就会实现层级跃升。这关系到你的时间和精力投入产出的效率、效益，也就是能否画出生命价值的正比曲线。"

"是的，人生苦短时光荏苒，蹉跎岁岁年年，熬身熬心待梦圆，都不如追求高效过好每一天。"

"我们老年人就是追求过好每一天，你们年轻人还要经历一个奋斗的过程吧？"

"我说的高效过好每一天不是图舒适，而是要充实。做事要做得有意义，做得开心，做得有效率，并且坚持做就有效益。这个事在别人眼里可能难，也可能苦，但自己感觉到的是快乐、幸福。"

"什么是福气？这就是福气。如果一个人每天都生活在这种状态下，一定是吃得香睡得好，神清气爽很舒畅。加上健康的生活方式，我认为这就是有福的人生。"

"生命的时间效率掌握在自己手里，一个孩子可以按照社会常规按部就班地成长，也可以基于自己的能力特长打破常规，实现弯道超车。咱们单看一个'赚钱'的例子，现在火爆的自媒体直播带货达人，有中学没读完的，也有博士毕业的；有上过国内普通大学的，也有英美名校的高才生。虽然学历不同，但在带货销售这件事情上都有成功者。如果仅用营收指标衡量，中学没读完的和国外名校博士也没多大差别，但他们付出的时间成本和上学成本可能差别巨大。"

"虽然在一些领域，上几年学和上十几二十年学的人赚钱水平差不多，甚至一些学历低的人还赚更多，但普遍看接受过高等教育的人，在科技、管理和创新领域还是占主导地位，对人类社会的进步发挥着引领作用。"

"人工智能加速进化将会改变人的教育成长曲线，若干年后，小学、初中、高中、大学、研究生这一十几二十年受教育的程序一定会改变。我想那时再回头看，家长把眼睛死盯着孩子的考试成绩是非常短视的行为。"

"家长嘴上希望孩子有福气，但是自己怎么做能滋养孩子的福气，孩子怎么做能增加自己的福气，他们却很少认真思考。我们常被急功近利所操控，落入一个个所谓社会标准模式的套路，结果多半是花了不少钱却降低了孩子的幸福感。"

"福气也是围绕一个人、一个家庭、一个群体的场，有能量、有辐射、有内外循环。福气场不是一个点，不是一条线，也不是一个面，需要场中全要素互动营造。"

"孩子一生的幸福从父母种福开始，由自己造福增大，结出的幸福果实荫及子孙。所以，种福也是一环扣一环，一代接一代，久之会形成家族遗传。是不是跟基因记忆有关系我不知道，但我们能从很多书香世家那里感受到一种特别而又相似的心理氛围。甚至当他们遭遇不公、不幸之时，你亦会看到超然与从容。"

"把握幸福的能力真是一笔巨额遗产。"

"真正继承了这笔遗产的人，你如果细心观察，从他们做人、做事上就能看出来。"

聚福泽，长福分

"咱们所说的一个人看起来'有福气'，多指这个人看起来气色好、慈眉善目是吧？"

"相由心生，人的心境都会表现在脸上，心善则面善，心恶则面恶。虽有'人不可貌相'之说，但在社交中，第一印象往往相貌占主导。面善的人多半会赢得好感，较易融化交流隔阂，较快建立互信基础。所以孩子以良好的形象走上社会，创造好机会、赢得好机会的概率一定是增加的。"

"孩子的长相千差万别，什么样才算是良好的形象呢？"

"长相是遗传的，但良好的形象是自己可以决定的。比如直，身体站得直、脖子挺得直；正，看人看物皆正视，勿斜觑、勿游离、勿躲闪；端庄，言谈举止落落大方、不卑不亢；谦诚，平和实在、注重礼节、讲究分寸。"

"这些和遗传的相貌关系不大,都是家庭教育和自我要求的体现,由心而生,习惯形成的。"

"和成年人相比,孩子要养成良好的形象容易得多,因为孩子心灵纯净,始善先德。当然这要以孩子快乐成长为前提,有好体格、好性格、好人格加持,良好的形象就是自然而然的结果。"

"孩子养成良好的形象主要做到两条:一是善良,二是喜乐。做好这两条,脸上就会呈现真诚、柔和的表情,嘴角就会常常挂着微笑。"

"这两条很实用。如果孩子对善不能透彻理解,那就爱,爱天爱地爱万物,爱值得爱的人,爱值得爱的事。不思恶不近恶不做恶,把心放在阳光里,阳光也就会映照面颊,加上发自内心的笑容,那就是最美的相貌。"

"您看咱们小区里的小孩儿都喜欢让我妈抱,还对她笑,换您就不行,就是因为我妈特爱笑,见人总是笑在言先,笑得好看。您就不会笑,一咧嘴吓人一跳。"

"你妈妈从小被张大家族集体宠爱,当然笑得好看。老爸瘦马残枪颠沛流离,如今还笑得出来,非常不错了。"

"微笑可以拉近人与人之间的距离。爱笑的人运气都不会太差,特别是女孩儿,好看的核心表现就是笑,越笑越好看。"

"生活中,有些女孩子,五官精致身材均称,从美术的角度都挑不出大毛病,可就是不觉得她好看,为什么?因为不会笑。还有些女孩子,整天笑容满面喜气洋洋,跟谁都合得来,办事情很痛快,让人觉得特别有魅力。所以家有千金,首先要养成爱笑的习惯。"

"爱笑的人更容易结善缘、被亲近，特别是在职场和生意场上，能多出不少机会。"

"这也许就是聚福泽的道理，良好的个人形象展示了一个人善良的内心和积极的精神面貌，反映了一个人的综合素质，因此在工作中能先一步负起责任，先一步达成合作。"

"生活中常听见嫉妒的话：'怎么好事儿总落他头上'，说这话的人就没认真想一想，总的原因是什么。是人家有福分，这福分主要是做人做事做出来的。"

"论理行事正心而发，父母要做给孩子看，哪怕是吃亏也要告诉孩子，不思恶、不近恶、不作恶，孩子效仿必有福分必有福报。"

"家长还要注意积口德，告诫孩子不能恶语伤人。良言助好运，恶语伤福气。即使你有张天使般的脸，口舌如刀也会损毁形象。"

"是啊，慎言保平安，妄语惹灾殃。孩子走上社会独立生活，说话要特别注意。年轻人社会经验少，逢事可能看不出眉眼高低，容易口无遮拦、耽误事、得罪人，家长应该给予建议和告诫。遇事多问多请教，少发表个人意见，因为阅历有限，常会只知其一不知其二。"

"老爸，您这是敲打我吧？我高中之前感觉您很少说教，之后却经常谈天说地讲道理，话里话外叮嘱人。这是为啥，孩儿我越大越不懂事吗？"

"有点烦？你刚才那些议论也是说教呀。"

"偶尔心情不好的时候会烦，大部分听着还是挺受用的。"

"对小孩说教不如做示范，讲道理不如讲故事，因为他很难真正理解你要表述的理和道。大孩子则不同，只要你能讲明白，他就听得懂。社会太复杂，不是上十年学就能都了解，所以过来人要啰唆，让孩子多知道些书本之外的东西。当然，通过闲聊给予启发是最好的方法，这个就看家长的水平了。"

"父母真不易，孩子大了还操心，生怕不完美，恨不得把所有福分都放在孩子身上。"

"这个愿望不错，但不能这么做。"

种八分福是福，种十分福非福

"那父母给孩子种福，具体怎么做合适呢？"

"种八分留两分。八分是健康、诚恳、自信、善良、感恩、勤勉、节俭、律己，两分是名和利。"

"是说父母不要给孩子留名留利吗？"

"最好不留，当然很难做到，因为有违人性。除非无名无利可留，但凡有的，都想留给后代。尤其是咱们中国人，恨不得苦自己一辈子，也要积攒出财富给儿女。"

"这是上千年的伦理传统，其实西方家庭大部分也一样，王室贵族世袭名位，家族企业子承父业，比我们有过之无不及。"

"农业社会生产力低下、农民收入微薄，工业社会，工人出卖体力非常辛苦、收入也不高，所以确保下一代衣食无忧、幸福生活是奢侈愿望。在这样的环境里，遵循基因延续的要求，父母为孩子去拼搏成为家庭价值观的核心诉求。按社会发展惯性，现在这种价值观仍然占据主导地位，但是世界生产力进步实际上已经改变了生存环境，观念也就面临相应改变。你看北欧高福利国家，普遍休假比工作重要，周六周日商店关门，赚钱和生活相比较，他们更关注生活，父母为孩子积蓄财富的观念与我们差别也很大。如果世界在和平环境中按现在的速度发展经济，再通过可控核聚变解决能源问题，通过生物技术解决粮食问题，农业社会和工业社会遗留下来的生存焦虑就会大幅度降低，人们对名利的态度也会发生变化。"

"老爸您说远了，眼下父母不传名利的好处是什么？"

"孟子在两千年前就说了，'道德传家十代以上，耕读传家次之，诗书传家又次之，富贵传家不过三代'。大概是2014年统计过一组数据，中国家族企业平均寿命只有二十四年，仅有不到百分之十的家族企业能进入第三代，大概百分之四的家族企业能活到第四代。虽然不能据此数据证明传名传利不可为，起码可以说明那不是传承之首选。"

"道理是好，但人忙忙碌碌还不是为了名利吗？"

"是的，我们处在世俗社会，对绝大多数人来说名和利就是生活的驱动力，辛勤付出也是来自对名利的渴望和追求，这也是推动人类社会进步的主要能量。孩子在父母的养育庇护中欠缺名利心，长大独立生活本应激发获取名利的欲望，但因为父母都给备齐了名分和财富，也就弱化了孩子自我激励、自我生存的能力，在竞争激烈的社会丛林中就会自我退化，甚至边缘化。年轻人如果不在世界发展浪潮的主流中，连参与弄潮的机会都没有，内心的存在感、价值感可能会大打折扣，孤独寂寞常伴，幸福感也会大打折扣。"

"看起来父母给孩子种了全福，结果却不尽如人意。"

"种八分，孩子依仗此八分，自己去争取余下的二分，不求得到得不到，只求积极争取的过程，这过程才是十分得福的生活状态。健康、诚恳、自信、善良、感恩、勤勉、节俭、律己听起来虚，但这八分才是真正的实福；名和利听起来实，但此二分倒是实实在在的虚。八分实福加二分虚福方能满福，如果父母把名利也给孩子种实了，孩子可能得二分失八分，得不偿失。"

"那父母有名利遗产，不给孩子能给谁呀，都捐了吗？"

"捐了最好，但俗人做不到，也没必要。给还是要给，可以作为遗产给，不能在孩子开始独立生活的时候就给。总之一句话，就是在孩子自己努力奋斗之后给，这样后代能正确看待并能用好遗产，这也符合人类进化的要求。你知道，远古有多种人猿都有进化成如今人类的可能，但凡生存在较好环境中的都灭绝了，只有我们的祖先因为弱小，又在极其恶劣的环境中求生存，最终走到食物链的顶端。"

"理解，一代胜一代，才能福运代代传。"

"理解就太好了，老爸有两间房仍在还贷款，月收入只有退休金，名声还好不过传二里，股票一只被套多年，你只能自己争取名利加身了。"

"这个压根儿就没指望您咯，我努力多赚钱，每年陪您和我妈出去旅游，享受幸福时光。"

"你有这心思老爸就很满足了，现在我们看球喝酒神聊，不就是在享受幸福时光吗。"

"是啊，幸福很难，但也很简单。"

第八章
造 福

在万众瞩目下,最后一组的偶像球星汤普森和经验老到的名将尼尔在第一洞开球出发,将决赛轮的气氛推向高潮。前一组的昆鹏和拜欧·罗伯特,已经保持标准杆来到第二洞梯台。第二洞是个长四百六十三码的四杆洞,打好这一洞需要又直又远留在球道的开球,以避开分布在落球区的沙坑,创造机会直接进攻果岭。虽然旗杆刁钻地插在狭长果岭的左后方,但昆鹏和拜欧·罗伯特基于高质量的发球,仅用挖起杆就将小球放到距离球洞三码的范围内,轻松抓鸟追平尼尔,并与汤普森的差距减少到三杆。紧随而至的汤普森似乎没休息好,第二洞开球转身不到位打出右曲,小球滚落沙坑。毕竟是奥运会冠军,他冷静处理三上一推仍然保帕。电视镜头拍到观众群中汤普森父母的特写,紧张、期待、骄傲、慈爱交替出现在脸上。作为上一代明星球手的老汤普森表情也不时显得急躁,好像恨不得冲下场帮儿子一把,但此时他只能远远看着,什么都做不了。

"老爸您看，汤普森都世界第一了，他老爸还是放心不下，躲在观众身后一洞一洞跟着走，真是可怜天下父母心啊。"

"老汤普森为孩子成为顶级运动员付出了巨大努力，也获得了巨大成功。本可以放手，让儿子像波比·琼斯那样主宰自己的运动生涯。但他还在操控整个团队，当老板背后的老板，这对汤普森打好比赛不利。虽然父子有着共同理想，但具体做还是要有所区别。种福是上一代的责任，种八分余二分，差不多就行，放手让孩子独立创造自己梦想的生活。造福是下一代的义务，承八分造二分，须经努力奋斗之过程，如能成为达人，不仅为自己造二分，还可以为他人、为社会造福。这样福运才能传续，福祉才能延扩。"

"下一代如何造福呢？"

梦想合理化，恒福相伴行

"老生常谈第一条，怀揣理想去造福。孩子进入社会、独立生活之前，一定要有基于自己的人生梦想，并且梦想要有规划、有计划、可执行。咱们前天聊能力时也谈到理想问题，都知道有理想的人精神状态会长期保持积极，遇到挫折时抵抗颓丧的力量比较大。为理想奋斗的人行动力强，创新意识和工作效率也相对比较高。父母应该帮助孩子进入这种状态，尽快建立竞争优势。"

"孩子初入社会建立什么样的理想合适呢？为天地立心，为生民立命，为往圣继绝学，为万世开太平？"

"太宏伟了，不能按这么高的标准衡量十七八岁孩子的追求，否则他们做起来容易产生心理落差。不建议家长促使孩子拔高设定，当然有个别志存高远的也不能压制，尽量设计得比较合适，将梦想合理化，成为理想。具体建议三合三适。"

"我记得第一合是**合己心**。"

"对，缘起自己内心持之以恒的追求才是你的理想，接受灌输的概念那是别人的理想，即便你嘴上跟着说如何远大，实际上也不会真的去为之奋斗。"

"不是发自内心的强烈而持久的愿望谈不上是理想。"

"发自内心听起来简单，其实很不简单，对孩子就更不简单。心在何处，缘何而发？发的是己心还是他意，是欲望还是愿望，是妄想还是理想？"

"您这么追索问题就复杂了，我感觉很多父母并不了解孩子心在何处、思向何方。"

"没错，都认为知子莫如父母，其实不然。孩子十三四岁以后自主意识不断强化，一般不愿意和父母深度沟通。一是父母管教小孩子的惯性不减，让已经长大的孩子反感；二是父母没有关注到孩子成长诉求已发生变化而形成隔阂；三是孩子通过互联网掌握的信息多或关注领域不一致，与父母的认知形成差距。这些障碍使父母看不清孩子内心真实的所思所想，更谈不上连孩子自己都感觉模模糊糊的梦想了。"

"从梦想到理想、从树起来到立住了是一个可操作的科学过程，不是高喊口号就可以的。"

"所以，父母和孩子沟通这件大事，首先要调整自己的思维和姿态，放下自己对孩子的设计和要求，聆听孩子的想法和计划；总结自身经验教训，提供给孩子做参考；尊重孩子的选择，无论这个选择合不合家长的心意。"

"有些当爹的在外面非常善于揣摩领导意图，回到家面对孩子就变成一根筋，搞得亲子关系紧张。"

"你爹还行吧？知你懂你随你。"

"俺做人做事也干净利索吧？"

"那倒是，养活你真是挺省心。"

"那再发个红包吧。"

"接着说的都是大红包，你接好了。用什么方法帮孩子找到真正的理想？方法一是憧憬，启发孩子发挥想象力，预演自己的未来，越具象化越好，像电影、电视剧里有场景、有音乐、有蒙太奇更好，从多种幻象中挑出最令人激动的可以反反复复预演的场景和形象。方法二是理性认定，对憧憬的结果进行评估，将欲望比重大的剔除，将一般性的愿望剔除，将脱离实际的妄想剔除，剩下的可能就接近理想了。当然，这一步只是合己心，还须两合三适方能把理想真正树立起来。"

"第二合什么？"

"**合善愿**，不仅是自己的和族群的善愿，还是社会的和人类的善愿。"

"这个也有点宏大呀。"

"每个孩子的成长都有无限可能，虽然不能把理想搞成妄想，但给理想预留的空间不能小，别走了几步就被框住了。这个大空间的基础是善愿，创造自己的幸福，进而为族群造福，进而为社会文明进步做贡献，进而为人类和平发展做贡献。唯以此善愿出发，才能走顺、走宽、走远，理想才是理想，对人生才有意义。"

"如果理想的出发点是损人利己，这条路可能会越走越窄、越走越黑，最终滑向万劫不复。"

"老子说'天之道，利而不害；圣人之道，为而不争'。天乃大善，因为天的道是利而无害；圣乃大善，因为圣人的道是奉献。你的理想顺天道应圣举，一定有作为、有未来，一定会收获幸福。"

"反之是给自己挖祸坑。"

"第三合是**合趋势**，理想要符合社会发展趋势。人类文明就像一辆巨大无比的车，从低级到高级，浩浩荡荡地向一个方向开进，顺势者昌逆势者亡。所以，理想建立要符合文明发展的要求，具体用生态文明、科技文明、社会文明、精神文明的走向衡量心中理想，看是不是坐上了这辆车，还要看坐在车的什么位置上。"

"合己心、合善愿、合趋势。三适呢？"

"**适己力、适环境、适变革**。问自己，树立的理想力所能及吗？你的品格能力能否支持你走完实现理想的过程，资源和时间够不够让你坚持到最后，当下的差距有多大、是什么性质的差距，能不能通过努力奋斗缩短差距。切实回答这些问题，可以使理想更清晰、更理性、更加可执行。"

"适环境就是生活环境允许追求理想的作为吧？如果人所处环境不具备实现理想的基础条件，那就赶紧换地方。如果环境能成为实现某一理想的优等环境，那就能提高效率，缩短实现路径。"

"为实现理想选择和创造好环境，是准备走上社会的青少年非常重要的功课。不论是选大学、选专业，还是选工作，都是为实现理想选环境、选路径。选择落脚之后，通过融入、聚合、改造、优化的努力，使环境更好地支持实现理想的作为。"

"上大学算走上社会吗？"

"以往上大学是为了深入掌握专业知识，今后上大学主要是为实现理想而利用大学平台整合资源、积蓄能量。如果图求功利是走上社会的标志，那从进入大学就应该开始了。"

"难怪很多创业大神从大学就开始干了，是没把大学当大学呀。"

"是啊，他们都是突破常规思维的人，提前把握社会变革的节奏。理想如船在风云变幻的社会浪潮中乘风向前，在未来某一时点将心中梦想变成现实。如果不能屹立潮头顺势而行，可能就随波逐流，甚至沉没幻灭。"

"所以，要对应社会变革，就要在通往理想的道路上设定一个个阶段性目标，每一步都踩在变革节奏上，无论走快走慢，都保证不偏离、不停滞、不翻船。"

"一个人不是空有理想，而是朝着理想目标脚踏实地去干，他的精神世界一定是积极的，现实生活一定是充实的，个人潜能一定会被激发。拥有这种状态，幸福感会如影随形，福源潺潺绵延不断。"

"理想适应变革是其实现的前提条件，通向理想的阶段性目标使努力方向更清晰、明确，完成一步步目标让快乐叠加、催生幸福感，等于不断给理想之车加注动力，能量够的话就会形成加速度。"

"人活一世就是走一条从生到死的路，痛苦地走完不如幸福地走完，坎坷地走完不如顺利地走完。如何走完人世之路，理想起很大作用，因为理想决定走的方向，决定走的状态，决定走的结局。有理想不会走得迷茫，不会走得无力，不会走得寂寞，不会走得悲苦。如果你走进沙漠，理想就是水源；如果你迷失山林，理想就是溪流；如果你落入大海，理想就是舢板。当你耄耋之年接近人生终点时回头看，无论成功与否，只要从理想之路奋斗走来，你就会盛满幸福，走向下一个空间。"

"您这是给我灌了一大海碗鸡汤啊，好像治好了我的自我怀疑的小感冒。"

"别说你们青少年，就是老爸这年龄也不能放弃理想，否则就会坐吃等死、度日如年。"

"您现在的理想是什么？"

"为更多父母快乐地陪育孩子、更多孩子健康幸福成长尽绵薄之力。"

"每天忙这事啥心情？"

"深感幸福。"

"您这'更多'是多少？有具体数量吗？"

"没有，尽量。"

"所以，幸福啊，老爸，但我们青少年为实现理想设定的一个个阶段目标都很具体，时间紧，压力大，还经常遇到阻碍甚至挫折，如何稳定心态呢？"

"学会忍，坚持善。"

忍成大事，善积大福

"都知道成大事须忍常人之难忍，但是很难做到啊。特别是年轻气盛，真就如心头插刀，日夜不宁。"

"从成事的基础条件看，人与人的差距不是天壤之别。那为什么有的人成功，大多数人就不成功呢？除了方向正确与否，关键在于能不能坚持到底。**忍就是坚持的心理能力，善就是坚持的心理能量。**"

"那怎样获得善的能量和忍的能力呢？"

"首先要**修德**，善的能量值来自德的高度，所以要修高眼界，修行正道，修美心灵。"

"您能具体点吗？"

"嫌我讲得虚，是吗？那我说实的。我问你，你有道德榜样吗？"

"呦，一时还真说不清。"

"大多数人都这样，很难把一两个人作为道德榜样效仿。嘴上说不清，实际内心是有的，是每个方面会有一两个人。榜样认可来自价值观的认同，受从小接受的教育和环境影响。不同的价值观、不同的教育和环境，造成人们对道德的理解会有不同，但人类的共有道德仍然占据主导地位，对人类社会生活起到决定性作用，因为道德既不是源于神，也不是源于自然，而是源于人类共存共荣的原始需求。"

"修德就是自己要趋利避害，还要顾及别人趋利避害，想着全社会、全人类趋利避害并有所作为，是吗？"

"更高修为是当自己的利害与他人和社会的利害冲突时，能做出正确的取舍和避让。圣人为何不争？因为圣人是德之大者，不争为争，德大得大。凡人不必圣，然可以将圣人做榜样，增添了善的能量，忍的能力也就自然渐长。逢事忍不住是因为满脑子都是自己的利害，看不到全局，辨不清因果，守不住理智，以致降低了眼界，蒙蔽了心灵，偏离了正途。"

"理解了，学会忍首先是修德。其次呢？"

"**秉行长期主义**，不要急功近利。量变导致质变，大事大量，成大事既非一日之功，必经一个漫长过程。这一规律是普遍的，并非到了你这儿就会改变。所以，干大事者，心理准备要足够，对其长期性、复杂性要有充分认识。有了这样的认知和准备，忍耐力也就相应提升了。"

"还有吗？"

"**周密计划，应变预案。**"

"忍得住只靠善愿和心态还不够，配合一定之规按部就班，加上面临环境条件变化的应对手段，才能做到位，是吗？"

"对，忍多数是表明被动过程，是把心拘在一个憋闷的小空间里。而会忍是把被动变主动，跳出小空间，升入大格局。秉承修德扬善之道，谋定长期主义之略，实施稳扎灵动之术，即能忍常人之所难忍，成凡众之所难成，得世间之大福。"

"善积大福的积，也是更高格局的忍吧？"

"当然，人作恶容易行善难，偶为善易恒之难。世间众生享大福者比例很少，这并非天定，而是人为的结果。心里想着与人为善，可见财起意、见色乱心，忍不住去夺；遭人谩骂、被人污蔑，忍不住反污回骂。明明知道要善待自身，可面对佳肴美酒忍不住吃得满嘴流油、喝得酩酊大醉；满嘴慈悲为怀，可当行善之举触碰自身利益时唯恐避之不及。一个又一个忍不住灭掉了一个又一个积善机会，也就灭掉了命里本有的大福分。"

"无福之人活得艰难，享福之人活得也不易。"

"此乃天道。"

"您说超级人工智能取代了人的工作、生产了人类所需之后，是不是每个人都能轻松享大福了？"

"不会，那时人类可能被福杀。"

"可见老天的意思是人类不能活得太容易、太舒服，否则就灭绝了。"

"顺天意，尽人力，如果你把不容易、不舒服转化成生活的乐趣，你也许就能悟出人类为什么要追求幸福。"

"如果人生来不吃苦，而是衣食无忧、享乐不尽，恐怕早就退化灭绝了。传说神本来给人安排了每天吃几粒就不饿的食物，结果人闲得淫欲爆棚、恶行遍野，神一怒之下收回了圣谷，让人为活命辛劳终生。人活着难，活好更难，但是如果每天都累得筋疲力尽，整日愁眉苦脸，那上天创造人类又有什么意义呢？于是我们身体分泌两种物质，多巴胺让人获得短时间的快感，内啡肽让人获得较长时间的满足。人找到数以百计的方法得到多巴胺，以一时抵消劳苦心躁带来的烦恼，但快乐过后烦恼和苦闷立马回来，甚至加倍而来。内啡肽则不同，使人既得到快乐满足，通常又可避免副作用，但得到它要经历忍耐、坚持的过程，只有对自己比较狠的人才能做到。最高级的活法应该就是将主观负面情绪转化为动力，甚至是获取快乐的途径，经常性微量分泌多巴胺，阶段性缓慢释放内啡肽，一直走在追求幸福的路上，让生命呈现多福状态。"

"虽然不知道幸福感是不是长时间微量分泌多巴胺、缓慢释放内啡肽的结果，但我赞同你的说法。人的情绪心境一定有物质基础，可能是激素、酶或我们尚不知晓的东西，那也就意味着分泌和释放有意志发挥作用的可能。所以，我们修养身心、陶冶情操、磨炼心志，就能将苦闷、烦躁、伤感、惭愧、自我怀疑等转化为通向幸福的阶梯。"

"除了您说的这些，还有一个通向幸福的大阻碍——嫉妒。"

化嫉妒为福利

"对，记得罗素说过，不快乐的原因有二，一是烦恼二是嫉妒，是人'最普遍、根子最深的情欲之一，也是民主制度的基础'。哲学家讲话就是能把习以为常的事情提炼出大道理。近代民主政体可溯源到古希腊，而古希腊各城邦的民主运动多半是嫉妒情欲的感应推动。对个体人来说，嫉妒是婴幼儿时期就产生的伴随终身的情绪。例如，一个家庭欢天喜地，准备迎接第二个孩子的降临，第一个孩子就会因为嫉妒而开始憎恨弟弟或者妹妹。父母就要特别注意他，让他感到爸爸妈妈没有减少对自己的爱护和关注。孩子不会因为年龄增长而弱化嫉妒情绪的影响，所以，当着自己孩子的面夸别的孩子是家长特别要避讳的。即将走上社会的青少年，在学业、工作和情感方面都会受到嫉妒情绪的影响，能不能管理好甚至利用好嫉妒情绪，也是一门回避不了的功课。"

"俗话说'人比人，气死人'，就是嫉妒情绪把别人的优点投射到自己心里而形成痛苦，特别是经历不顺、对境遇不满的人会放大这种痛苦。从追求幸福的角度看，嫉妒情绪是大的人性障碍，不加以管控则难获内心的平静与安逸。"

"既然无人能摆脱嫉妒的干扰，那就正视它、接受它、拥抱它。嫉妒促进人类甚至畜类进化到今天，说明嫉妒含有积极的成分，所以，有嫉妒情绪不必自责，而是要规避它消极的一面，发挥它积极的一面。"

"看到别人比自己强而产生的憎恶、愤怒、焦虑,甚至造谣污蔑、暗骂攻击等,都是消极恶意,而羡慕、钦佩、效仿、学习、自励和提升自己则是积极应对。"

"你上高中的时候咱们就讨论过这个问题,当时我们达成的共识是:面对同学中学习比自己好的,长得比自己帅的,钱比自己多的,经常受到夸奖的,被自己喜欢的女生喜欢的男生,心里多多少少都会嫉妒酸涩一番。酸涩就酸涩,没关系,都是正常反应,和害怕、害羞、紧张等正常情绪一样,只需调控,不必纠结。"

"调控办法一:提醒自己,'我嫉妒了,不要表现出来让人耻笑'。办法二:告诫自己,'这不是别人的错,是我的小情绪'。办法三:激励自己,'我和嫉妒对象的差距是什么,我要做哪些努力以缩短差距'。"

"不错,你还记得挺清楚。**更高级的转化是钦佩、积极竞争和超越**。当然,前提是嫉妒对象的优势属正向,学习效仿、竞争超越的结果对大家都有好处。嫉妒转化为钦佩保证人际关系正向,积极竞争保证竞争的结果正向,在此基础上的超越有可能使对方换到你原来的位置,双方进入新层次,开始新一轮的相互促进。"

"这样的理想状态也是创造了一种幸福吧?"

"当然,遇到良性竞争对手是一大福分,虽然这可遇而不可求,但你可以尝试从自己做起,运气好的话,对方会像你一样回应,从而形成良性互动。"

"难,真是可遇而不可求,很少有人能突破认知障碍的限制。"

"其中一个大障碍是对公平的理解和衡量。青少年初入社会,常有的感受是生活对自己不公，甚至命运对自己不公。因此，有的青少年对境遇好的身边人产生嫉妒，甚至扩大到对社会不满，成为'愤青'。这种心理多半来自要求绝对公平的思想倾向，脱离合理性及前提条件理解公平，本身就给公平设置了障碍，因为**事情越趋向绝对公平，反而离真正公平越远。**"

"公平是相对的才合理、有用，追求绝对公平没有好结果。对我们青少年来讲，机会公平最重要。如果社会连机会都不能均等，'愤青'就没错；社会机会均等，但自己没能力把握，嫉妒能把握的人就不对。"

"还有就是规则公平，利用青少年的优势，尽量选择规则公平、机会公平的地方发展。曾经的'北漂''沪漂'就是追求机会和规则公平的现象，因为在一些中小城市和农村，规则和机会受社会关系的影响太大，缺乏公平竞争。"

"我相信随着社会文明进步和科技发展，社会会越来越透明，越来越民主、公平，也会越来越合理。但眼前很多明显不公平甚至不公正的事情，该如何面对呢？"

"**量己之力有所作为，依照规则改变规则**。就是你的能力和影响能发挥作用的地方可以试着干，力所不及的地方不要硬干，累死你也改变不了什么。对于能有所作为的事物，也要在现有规则的框架下逐步去改变，对个人而言，颠覆性做法的代价一般比较大。"

"青少年热血沸腾，咽不下气、忍不住冲动也可以理解吧？"

"当然可以理解，都是从年轻时候过来的嘛！但是不能因为生理原因放任心理失控，因为在社会公平、公正的问题上，青少年容易被利用。社会公平、公正问题非常复杂，对一众群体公平，就可能对另一众不公平；一众认为某一规则是公正的，另一众可能认为不公正。所以，要先有立场和基于自身的判断，而后量己之力有所作为，依照规则，改变规则。当大多数人这么做了，社会就会趋于更公平合理。"

"明白，我只做好自己力所能及的。"

"还有一条需要提醒，青少年初入社会，在任何场合都不要炫耀，否则让人一听就是找补曾经的自卑和嫉妒，或是满足虚荣心。炫耀没多大好处，但引发嫉妒给你造成的损失可能很大。"

"孩儿谨记。我也没什么好炫耀的，独善自身尚不足，兼济天下更未可知，还辛勤走在追求幸福的路上。"

"这话接地气，知道老爸不爱听豪言壮语，是吧？"

"说您不爱听的，这天儿就没法聊了呀。"

"跟老年人聊天，听一耳朵道理烦不烦？"

"我还行，知道您是为孩儿好，道理受用，偶尔啰唆一点也可以接受。"

"老爸说的大部分是教训，我付出过代价，唠叨给你是希望降低你的成长成本。"

"咱们这是关系好才聊得来，如果因为家庭教育矛盾互相不谅解，情况就不同了。"

谅解人，宽己心，纳安福

"你说到一个追求幸福的大问题：谅解。那我再啰唆几句。"

"这个问题我愿意聊，因为我有困惑。"

"容忍不了别人对你有意的妨碍、冒犯冲撞甚至下绊儿中伤？"

"遇到这些我也提醒自己，算了吧，退一步海阔天空，可即使想通了，心里还是放不下，时不时会冒出来闹心。"

"那还是没想通，郁结在胸，气流不畅，是十分亏待自己的一种状态。这种情况在一些不长寿的人身上尤其明显，发生矛盾既不能说服对方，又不能说服自己，捂得多了，时间长了，就生出毛病来，消费安福。"

"左脸挨了一巴掌，笑着把右脸递过去再挨一巴掌，高僧大德也难做到吧？"

"普通人不能按这么高的标准修炼谅解心，初入社会的青少年更没必要。我的建议是，为了自己不憋屈，**一试二谈三反串**。一试，首先尝试原谅，如果内心舒畅，那就是原谅对了。比如别人无意妨碍甚至冒犯了你，他一定有隐情。不管对不对，你都要想象对方有难处、有可以得到谅解的原因，你就释然了，事情就过去了，既谅解了别人又宽慰了自己，两厢平安无事，好日子继续。如果尝试原谅后内心仍不舒畅，大半是对方有意难为你、冲撞你。只要不是敌我矛盾，那就找机会谈，摊开问题真诚以对，分析寻求共同利益，达成共识，握手言和。这也是谅解的一种，是谅解的高级形式，国家之间常用，个别的在为了维护重大利益的时候，敌对双方都可能签署《谅解备忘录》。"

"那反串是什么做法？"

"谈不通、矛盾没解决，受气一方又憋屈放不下，那就反串对方，以其人之道还治其人之身，让他体会到你的感受，从你这面镜子里看到自己，意识到于己之不利，问题也许就会出现转机，双方就可能回到相互谅解上。这种谅解是有限度的斗争，是在一试二谈不好使的情况下不得已为之的，其风险在于容易激化矛盾，所以不能失控。"

"这个对我们青少年是历练。"

"学会谅解，看起来是原谅了别人，其实主要还是为了自己，为了减少自己的精神内耗，为了维护内心平和安稳的福分，为了拆除幸福路上的障碍。"

"憋屈、嫉妒、怨恨等负面情绪闷在心里，摩擦、煎熬，形成精神内耗，就如同套在脖子上的绳子，越紧越令人窒息。"

"生活中常见一些人，每日车接车送、好吃好喝，依然面色凝重、愁眉不展。你看他没什么体力劳动，除了坐着就是躺着，但寝食难安、疲惫不堪，这就是因为他们处在严重的精神内耗中。"

"再严重就魂不守舍、长期失眠，甚至抑郁。"

"如果出现这些情况，更多原因不是来自外部，而是源于内在，大部分是由心理问题引发的。老爸虽然没抑郁过，但小焦虑经常有，究其原因，主要来自两个方面，一是过于在意自己，二是过于在意他人。"

"在意自己、在意他人没错呀。"

"适度好，过犹不及，因为太把自己当回事，就经常处于对自己不满甚至责备的心境中，特别是事情没做好或做错了的时候，烦躁、苦恼接踵而至，自我怀疑阴魂不散，焦虑日夜围着你。"

"成功人士一般都是完美主义者。"

"你少安慰我吧，我既不完美又不成功，还得了这毛病，不是亏大了吗？"

"所以不仅要学会谅解别人，更要学会谅解自己。"

"谅解别人容易，谅解自己很难，因为有太多期许，因为太要面子，因为太过自尊，搞得精神负担沉重，心理非常疲惫。"

"您不应该呀，记得考大学前，我担心进不了那几所目标学校，您告诉我，考不考得上不重要，重点是发挥出自己的真实水平。别把自己定位太高，人外有人，天外有天，考得不理想，大不了来年再考。退一步来说，上其他大学也可以，说不定专业适合自己，能更早出成绩。再退一步来说，不上大学又能怎样，只要自己有理想、有能力、有干劲，照样活得精彩。"

"所以说，谅解别人容易，谅解自己难，我要尽快卸掉这个包袱，不然面临身体衰老、耳聋眼花、腿脚不利索、干啥啥不行，还七个不服八个不忿的，那即使没病死也先气死了。"

"您都过了耳顺之年，甭太在意别人的想法。"

"过于在意他人是个老毛病，之所以难改，根子上是对自己期望过高又缺乏自信，对自我价值认知不足，常用自己的弱项比别人的强项，加上幼年经历带来的自卑，给自己定位过高又缺乏实力支撑，导致对别人的看法和别人的反应十分敏感，造成很多不必要的纷扰。"

"这种情况在我们青少年中很常见，特别是乖孩子。"

"我们这代人小时候受环境影响很大，家庭出身、政治背景对成长路径的影响是决定性的，所以特别在意周围人对自己的态度。现在的孩子没有这压力，承接天时降予之福分，尽情把握青春时光，享受生命精彩。"

"遗憾的是有些家长看不到这些，把分数、排名、考学、晋级作为评价孩子的唯一标准，让孩子感受不到天多高、海多阔，本应奔放的心羁限一隅，家庭和学校的看法和评价主导心理发育，些许负面言论就会对其形成较大冲击，时间一长孩子就会变得敏感甚至脆弱。"

"建议你跟自己较劲的时候，跳出身体，像看另外一个人一样做个分析，达成相互谅解。"

"您先把自己的问题解决了，身教一下咯。"

"好好，尽力，尽力。"

"哈哈——"

卡诺斯蒂球场的决赛正酣，球道两侧、果岭周围人头攒动，镜头后面万众瞩目。球手成为无数视线的焦点，每一个动作细节、表情变化都被捕捉、关注，每一杆挥出之后要么是震耳的欢呼，要么是遗憾的叹息。一般人置身其中很难摆脱环境压力的影响，但是顶

> 级球手从不为之所动，因为这项精准运动的基本要求就是具备较强的抗干扰能力。职业运动员为了打进奖金多的大赛，往往付出超常的努力和高昂的训练费用。如果屡屡止于晋级线外，失去争先机会，就意味着前功尽弃甚至导致生活困苦。看起来在阳光下、绿草上行走的运动，不为人见的却是无数个孤独寂寞的训练日、无数次单调重复的挥杆、无数被击到预定落点的小球。很多比赛项目要求运动员热血沸腾、力量爆棚，所以严禁服用兴奋剂。但高尔夫比赛从来没有这项检查，因为高尔夫球手面对激烈竞争时最要保持平静镇定，有的顶级球手在争冠的最后关头，眼中只有果岭和球，无论多少人凝视，无论一杆胜负相差多少万美金，都影响不了他的心跳节律和全神贯注的思考，仿佛除了球洞，一切都消失了，以往的孤独寂寞在这一刻成为无与伦比的享受。

学会享受寂寞，平静滋养清福

"人一辈子在相当多时间内会感到寂寞，即便身处闹市、忙忙碌碌，寂寞也会不时袭上心头，这可能源于我们弱小祖先对形单影只的极度恐惧。孩子高中毕业后进入新生活，离开父母、同学和熟悉的环境，孤独寂寞如影随形，特别是遇到困难、境遇不顺之时，想家上升为强烈情感。对家庭安全感和亲情温暖的依赖，是人之常情，也是妨碍当代孩子成长的绳索。只有挣脱这一绳索，孩子才能真正独立，开创属于自己的生活。"

"现在多数家庭的生活条件都不错，父母和孩子都要逼自己一下才能完成这个过程。"

"孩子独立生活后排遣孤寂是一关。一般来说,青少年孤独不常有,但寂寞常有。身处热闹是常态,心处寂寞也是常态,应该学会排遣,如果能修炼成享受那就不得了,离实现理想、获得幸福更近一步。"

"您这个要求太高了,我们俗还没俗遍呢,哪能雅到脱俗的程度。"

"寂寞虽然是内心的冷清、孤单、无奈、惆怅甚至空虚,但也可以是内心的清净、独立、泰然、美好和思念。一墙之隔、一步之遥,就看你能不能跨越过去。"

"形容你们老年人享清福就是指这些吧?"

"但这可不是老年人的专利,每个人,包括青少年,都能拥有,因为是依靠心理能力造就的心境,长心就可以练。"

"咋练?"

"我的建议是'三心二意',**闲心、静心、专心,意往神驰、意趣盎然**。练闲心就是让你的心放松下来,不装与己无关的人和事,经常像搞卫生一样,把那些干扰你的无关因素统统扫出去。与己有关的人和事也要分出轻重缓急,不急不重的先收藏起来,该关注的时候再说。"

"心里不热闹不是更寂寞了吗?"

"正相反,让心闲出些空间不是多了寂寞,而是少了自扰。就如享受诗词书画,空白也是欣赏的部分。"

"接着就是让心安静下来,寻找一种置身空山幻海的感觉,是吗？"

"对，这感觉哪怕仅是片刻，也会带来很大好处，起码也是神清气爽、通体舒畅。"

"如果能找到这感觉，就不必凑热闹、赶新潮了。学习工作之余静居一室，专心自己热爱的事，专心自己热爱的人，守护专属自己的那份清福。任凭世间乱纷纷，我自怡然守心田。"

"即便在学习和工作中，也可以追寻这种感觉。当然，这养心功夫可能一辈子都难练成，但只要坚持练，你哪怕成不了高人，起码也能成个智者。"

"我觉得能耐住寂寞的人，一般不会受到成瘾嗜好的伤害，能享受寂寞的人，一定能在事业上有所成就。"

"离群索居、独享寂寞不简单，更了不起的是身处繁华喧闹中亦能享受寂寞的人，那才是净化灵魂的达者。**面对尘嚣以干净养心健，面对纷扰以清净开明智，面对污浊以纯净致高远。**此等活人境界，就是神仙也会羡慕的。"

"三心明白了，二意怎讲？"

"青少年血气方刚，上课时间长了都坐不住，更别提承受寂寞了。意往神驰是练习忍耐寂寞的好办法，每当感到寂寞、心又安静不下来时，不妨在脑海中构建梦想国，演绎自己置身其中的美妙经历。"

"制造幻觉吗？"

"不是幻觉，是醒着做梦，年轻人的专利，那种美妙的感觉真是让人羡慕啊。"

"我对付失眠用过这个方法，不仅美妙，而且帮助入睡。"

"意往神驰虽然达不到冥想、禅定状态，但获得寂寞中的享受比较直接，年轻人不用长时间修炼就能达成。更容易的获得方法是读书，让书带着你从寂寞走向无比丰富的世界，走进无比璀璨的境界。"

"意往神驰是静中求，意趣盎然就是动中求吧？"

"是，无论什么年龄，都要有动起来的健康爱好，流水不腐，户枢不蠹。快走、慢跑都是享受寂寞盎然之意趣，开始时可能感到你甩开的脚步是在排遣寂寞，一旦突破疲劳瓶颈，内心就洋溢起兴致，享受到那份特有的舒畅。要问那些穿越荒原沙漠的历险者，他们对享受寂寞定有更深刻的感悟。"

"学会享受寂寞，有可能练就一种成大事者的气质，泰山崩于前而色不变，麋鹿兴于左而目不瞬。人若有此特质，堪当大任。"

"堪当大任未可知，滋养清福有裨益。清福使人心明眼亮、豁达柔韧，成长低谷不气馁，功成名就不癫狂。"

"我觉得有一种寂寞很难排遣，更谈不上享受。"

"是什么？"

"单相思、失恋引发的寂寞。"

"的确，仅是寂寞还好办，更多情况是超过寂寞的心理波动，有的甚至是过激反应。性欲、情欲、爱欲是人的强烈欲望和本能需求，虽然是满足个体生存欲望之上的需求，但与群体秩序和社会规范还是存在相当多的冲突。所以，人伦要求关于性爱的自然属性和社会属性应达成矛盾统一，而且不同时代有不同的统一方式。对个体的人来讲，性爱也是老天给的一种福，是祖宗对繁衍的奖赏。孩子到青春期时，做家长的不能放松孩子的性成长，应该引导孩子正确了解性爱、认知性福。"

建立良好的婚恋观

"性爱和婚姻问题是家庭教育不能回避反而要重视的，从幸福得分看，这可能是人活一生分数最大的考试题。"

"青春期性冲动、情萌动以及初恋体验，大多在初高中阶段，是在家长、学校的关注规护圈内。大的考验是离开父母独立生活后，如何处理好性欲、情欲，找到合适的恋爱对象，建立良好的婚姻基础，争取一辈子协同配偶获得幸福。"

"您能详细解释一下吗？父母这么和孩子讲道理不一定起作用。"

"父母都希望孩子有理想的婚姻，二十多岁能找到心仪的对象，在三十岁前就结婚，婚后尽快生孩子，相知相伴、相亲相爱一辈子。但现实令人沮丧，城市青年'剩女、剩男'人数不减，单身率、离婚率居高不下。存在这些现象虽然有社会发展阶段的因素，但和孩子在独立生活之前，父母没有帮助孩子建立适时的婚恋观念和可行的求偶计划有很大关系。"

"老爸，'求偶'这个词听着有点别扭哈。"

"用这个词是想把话说到位，雎鸠求偶，人就不用求吗？《诗经》头一首就道白了两千多年前的男女求偶的心迹。一个加一个是'偶',一个加一个结婚是'配偶',配偶不是等来的,应该是主动求来的。其实'剩女、剩男'大部分都条件不错,看来看去、等来等去就'剩下'了。如果有计划地努力求,一定会如愿以偿。"

"现在年轻人没把婚姻看得头等重要,碰不到合适的宁愿单身也不凑合,结了婚过不到一块儿说离就离,也有社会学家说这是文明进步的表现。"

"说这是文明进步我不敢苟同,唐朝那时候也是说离就离。婚恋自由倒是真自由,不像老一辈,很多婚姻不幸福也得熬着、耗着。但因为太自由了,随意放任,也是另一种熬着、耗着。无所谓责任,熬去了宝贵时光,巨婴式玩耍耗去了美好青春。"

"您的意思是恋爱婚姻不能耽误,要早了解、早计划、早下手、早出成果?"

"没错,事关重大不能耽误。父母在这方面帮助孩子要分阶段、有重点,在初中阶段重点帮助孩子了解两性,高中阶段重点帮助孩子了解情爱,离家之前重点帮助孩子认知爱情。孩子恋爱了要郑重提出婚姻建议,结婚了要提醒夫妻相处容易发生的问题,并传授解决生活矛盾的办法。"

"掺和太多会不会适得其反?"

"硬掺和招孩子烦,一定效果不好,所以,当父母的要先想好,要掺和得自然适度,在充分尊重孩子感受和隐私的前提下,中肯地提出意见和建议。"

"您这标准可不低呀,我青春期的感受就是爸妈知道得越少越好，不管不问更好。哈哈——"

"这事你烦过我们吗？"

"细想好像没有。"

"但是我告诉你，我们可是没少下功夫，只是你感觉不强烈而已。"

"是吗？我倒想听听你们是怎么做的。"

"常用的办法就是像植入广告似的在闲聊中夹带，看似随意，但说者有意听者有心。比如聊我的青春期经历，就把想告诉你的植入其中，踩坑、崴脚、过水、蹚泥的事儿，都在哈哈一笑中传达给你。"

"想起来了，咱们还从学术角度讨论争论过。您总是用实际案例反驳我的引经据典，还吵得面红耳赤。"

"你没有婚恋生活经历，也只能搬来弗洛伊德、罗素、拉康这些'大咖'压制我。"

"每次都是我胜出，对吗？"

"你胜出，我高兴，我的目的达到了。"

"老谋深算，还是没跳出您的手心。不过我的收获更大，理解了中学同学包括自己很多不同于小学阶段的言行，比如奇装异服、打架耍酷、大声喧哗、模仿偶像等，多是性激素刺激和吸引异性心理所致，没什么大不了的。了解人类婚姻历史就知道当代离婚率居高不下的原因，也理解了单亲家庭同学的苦恼。"

"你觉得自己的婚恋观念受什么影响最大？是小说、电影、电视剧，还是理论著作？"

"都不是，影响最大的还是您和老妈的关系。"

"那和我想的一样，父母要帮助孩子建立良好婚恋观，首先还是要搞好自己的夫妻关系。孩子眼中的父母经常怄气、冷战、吵架甚至拳脚相向，他能憧憬未来美好的婚姻生活吗？很多奉行单身主义的青年人，都是因为看到父母囚禁在痛苦的婚姻关系中耗费人生才做出的选择。"

"既然是痛苦的婚姻，早点结束不就解脱了吗？"

"离婚好玩吗？一点都不好玩。精神、物质损失很大，心灵伤害是刻骨级别的，特别是对小孩子，终生难以弥补。"

"这么对比的话，选择失败的婚姻还不如单身好。"

"单身一辈子不仅是缺配偶、缺亲子，还会缺失最美好的情感、最充实的心灵、最甜蜜的责任。和谐婚姻是人生首要之幸福，一定要倾力去谋划、追求、维护、坚守。所以，父母帮助孩子搞好这件人生大事，不仅责无旁贷，而且宜早不宜迟。孩子即使学业有成、事业有成，如果婚姻失败，成也不成；如果婚姻美满，即使学业不成、事业不成，不成也成。"

"看来有能力、有辨力一次选择成功，也是一门学问、一项本事呀。"

"培养这项本事，须从十三四岁开始。首先帮助孩子了解两性，解决以下几个认知问题：第一个，为什么大自然中生命繁殖离不开性？第二个，人的两性有何不同？第三个，青少年哪些表现和性发育密切相关，如何对待？"

"我的体会是，如果当时解决了这些认知，再看待性问题就理智多了，面对身体、心理变化也不再慌乱盲目，能像面对生活中其他事情一样自然从容。"

"青春期孩子能科学、理智、严肃地对待性，可以为日后恋爱、婚姻打下好基础，因为男女婚恋关系由性吸引开始，由情与性谐振升温，由爱与性燃融恒久。性是必要条件，孩子只有了解这个必要条件，才能区分复杂的男女互动情感，看清自己也看清婚恋对象，从而做出比较正确的选择。"

"没太理解您说的高中阶段重点了解情爱，它与两性和爱情的区别在哪里？"

"高中孩子一般都有恋爱冲动，一方面是性发育成熟的结果，一方面是寻求社会性独立人格的自证。看到孩子这样，父母应该高兴而不是紧张，更不用担心。父母需要做的是引导，引入审美和爱意，给赤裸裸的原始本能穿上雅丽衣裳，开始社会属性和自然属性的对接。"

"提升性吸引量级，也就是增强性魅力，是吗？"

"是基于性征整体表达的审美，简单讲就是让性的表达具有美感。外在的身材、姿态、容貌、话音、服饰，内在的气质、风度、学识、意志等等，使得目标异性赏心悦目，产生接触冲动。"

"记得我初二之前还不太注意自己的形象，初三开始突然就爱美了，衣着发型按照流行的变，被老妈吼了几年的乌龟颈也伸直了。"

"这个阶段是孩子成长变化最快的阶段，是全面提升自身素质最好的时机，可惜很多家长意识不到这个窗口期的宝贵价值，没有因势利导培育孩子的性感表达和审美能力,把考试成绩看成唯一重要的事,有的甚至还压制孩子对美的追求,尤其女孩儿家长,孰重孰轻真是没想明白呀。"

"我同事中有个女博士,身材模样属于标准美女,但不知为什么就是没魅力。一年到头素面朝天,几件职业装反复穿,快四十了还单着呢。"

"父母着急吧?"

"快急出病了。"

"早干吗了?女孩儿不当女孩儿养,男孩儿不当男孩儿教,是目前教育的大问题。女孩儿不温柔,男孩儿少阳刚,一片中性化。嚷嚷教育要讲个性,做起来还是呆板。孩子摊上明白家长的,家庭教育可以弥补美育的缺失;摊上糊涂家长的,可能就这样长大。"

"培育性美感需要家长怎么做呢?"

"我的建议是一读、二看、三打扮,由内而外展现个性美。一读,挑选古今中外好的情诗、抒情散文和爱情小说读;二看,看人类服饰变化,看时尚潮流更迭,看民族歌舞表现,这些艺术活动都源于古时候使性更具魅力的需求。三打扮,衣服整洁之后怎么穿才协调、好看,饰品怎么配才应景、衬人,在镜子面前自找感觉。既穿戴给别人看,又有效提升孩子的美感。"

"由内而外展现个性美,是说个人魅力,不仅是外表,更重要的是独特的内在气质,是吗?"

"在文明社会,抛开附加标签不谈,仅就人本身讲,外表所占的比例很小,所谓靠颜值都是短时的,内在品质才是吸引力的主导引擎。比如某女相貌平平，但纯净温柔善解人意，言谈举止礼貌得体，穿着品位恰如其分，目光流转千言万语；再如某男其貌不扬，但心胸宽广气宇轩昂，学富五车勤勉能干，敬老扶弱侠义风范，如果还会点幽默，那魅力就爆棚了。现在青年人多聪明啊，做到这些一点都不难，难的是不知不做。"

"这样的内在品质不是短期成就的，需要从小培养。"

"所以父母责任大，给孩子全面培养而不是偏畸教育，这是孩子幸福之路的起点。"

"这种全面培育是不是会促使孩子'早恋'、影响学习呢？"

"单纯强调学习就不早恋了吗？孩子发育到了这个阶段，激素的力量远大于父母的言语。清规戒律简单粗暴，只能让孩子伪装和压抑，对正常发育没有任何好处。正确的解决办法只有顺其自然，引导其向知性、向高雅、向履责发展。让孩子了解两性、认知情爱、享受青春的美妙萌动，同时不跨越红线、不偏离本分、不造成伤害。家庭合力处理好自然生长和社会规束的矛盾，孩子身心愉悦不仅不会降低学习劲头，反而会集中注意力促进学习成绩。"

"走上社会、经济独立之后，恋爱成熟就应该谈婚论嫁了，这时候还需要父母叮嘱吗？"

"这时候更需要父母的意见，因为热恋中的人不够理智，眼里看到的都是对方的优点，缺点基本被掩盖，可能成为婚后隐患，所以富兰克林告诫'结婚前要睁大双眼看清楚，结婚后要睁一只眼闭一只眼'。但生活中常见的是结婚前睁一只眼闭一只眼，结婚后睁大了双眼，以致抱怨、怄气、吵嘴、冷战。父母有社会阅人经验，可以提出中肯意见，当然，意见要客观，要从孩子的立场衡量是非曲直，要注意表达方式，否则会适得其反。"

"投资界常把选择投资伙伴比喻成恋爱结婚，如果反过来把恋爱结婚比作选择投资伙伴，那倒是能使人增加一些冷静和理性。特别是准备办理结婚手续前，双方甚至双方家庭最好就想到的各种问题做出约定，丑话说在前面，少给婚后留麻烦。"

"生活在现代真是值得庆幸，婚姻中爱情占比绝对大。"

"现在婚姻由爱情促成不难，难的是在婚姻中保持爱情，俗话说'婚姻是爱情的坟墓'。"

"只有带病的爱情进入婚姻环境，才会加重病情、导致死亡。健康的爱情多会增加活力，因为婚姻带给人的动力、温暖和欢欣是爱情中缺少的，特别是有了孩子，那份从基因中焕发出的快乐无与伦比。"

"看来选择结婚伴侣是人生最重要的决定，选对选错生活状态大相径庭，精神世界更是花明柳暗。"

"最好的选择是被选择，你优秀才能选到优秀，你主动才能迎来主动。建立以爱情为基础的婚姻观念，提高创造美好生活的能力，就有机会选到最合适的伴侣。当然，也有非常幸运的人，遇到了老天给安排的另一半，双方一见钟情并能一生相伴，这是由性生福的极致，比较少见，一旦出现，你要当机立断不能犹豫。"

"一旦遇到也不能不顾一切就结婚吧？大自然复杂，人类社会也不简单。"

"没错，婚姻是自然属性和社会属性共同作用的结果，自然属性正配也许社会属性错配，结果也不圆满，所以一样需要相处、相知的过程。"

"青年人社会经验不足，答好这道课题真是有点难。"

"父母帮忙可以少走弯路，孩子都烦长辈唠叨，殊不知唠叨里面不仅有关爱，还有赐福。"

"有纯粹爱情相随、美满婚姻相伴，不管人生路途平顺还是坎坷，离世之时能被灵魂带走的就是沉甸甸的圆满情感。"

"我们看到很多恩爱的老夫妻，他们看到新鲜的美食、美景，目光都起不了多大涟漪，而看几十年的老伴尤其是四目相对之时，目光中透出的依恋是海一样的深沉、山一样的厚重、晚霞一般的纯美。这也是一份天赐大福，追求这份福难道不是人生的目的吗？难道不值得我们一代帮助一代去拥有吗？"

第九章
幸　福

　　第 166 届英国公开赛决赛进入下半程，无论球员还是观众，表情都与前几天不同，紧张的气氛和卡诺斯蒂球场上空的阴云交融在一起，笼罩在现场每个人的心上。尽管排名榜频繁变动，汤普森仍然名列第一，紧跟的拜欧·罗伯特和昆鹏并列第二，老尼尔因为体能下降接连失误跌出了前十。卡诺斯蒂球场第十洞是个四百四十六码四杆洞，难度系数超高，非常考验球手对一号木杆的掌控力，如果想第二杆攻果岭，就需要有一记又直又远的开球。因为这一洞设置了几处险恶障碍，即便球没有被海风吹进球道两侧的长草中，落球区的组团沙坑和横在果岭前的小溪也会令争冠选手丧失先机。第一杆开短或落陷沙坑，都会增大攻果岭落水概率；如果第一杆大力开出，落点超过二百七十码沙坑，就会增加偏离球道、陷入棘丛的概率。很多球位不佳的选手，都采取放弃小鸟、过渡一杆、争取保帕的策略，只有第一杆结果理想的才敢

> 第二杆直攻果岭。拜欧·罗伯特和昆鹏都采用稳妥打法，守住标准杆，跟进的汤普森却出了状况。作为领先者，汤普森本可以维持差距，随着余洞的减少，追赶者必然压力大增，但汤普森想的是利用难度系数加大差距，逼竞争选手出错。他奋力一挥，球在破碎声中冲向前方，观众席上一片叫好声，掌声雷动，紧接着一片叹息声，因为球虽然越过了右侧二百七十码的三个沙坑，却滚进了左侧三百零九码的沙坑障碍中。这个结果还算不上大失误，汤普森接下来做的才是心理失衡下的错误决定，他选择在沙坑中直攻果岭。结果印证了大家的担心，球没有打够距离，刚刚越过小溪便反弹滚回到水中，罚一杆抛补。第十洞加二结束，汤普森的领先优势仅剩一杆，冠军归属悬念大增。

"昆鹏有机会了。"

"老爸，我也希望昆鹏拿冠军，但客观来讲，拜欧·罗伯特的可能性更大。您看他的策略、技术、心理比昆鹏感觉更平衡，除了过于冷静、缺少激情，从纯粹按规则比赛的标准讲，他几乎是完美的。"

"是，但我不希望他赢，太机械，不好看，没共鸣。还不如汤普森，有个性，敢表达，感染人。当然，第十洞很遗憾，汤普森没有保住三杆领先，这可能源于长期优势心境造成的大意和懈怠。"

"很有可能，高高在上容易过于自信，思想行动失去平衡，丢掉了方知珍贵。"

"这个在生活中常见，身在福中不知福，得利留不住，得福守不住。幸福不是落在人身上就稳稳扎根了，稍不留神，它也会随风飘散。"

"所以，幸福要守望。"

找到幸福支点，内外驱动平衡

"生活无时不在变化，像一艘行进的船，要调整方向，于波浪中保持平衡。生活不易，幸福更难，拥有难，维持也难，要常怀感恩、敬畏之心，经常平衡心理状态和生活状态，把心的位置趋向幸福的位置，将美好愿望落为现实。"

"怎么调整能保持平衡呢？"

"先找到生活和心理平衡的支点，充实过轻的一面，减舍过重的一面，以求相对平衡。关键三条：支点、取舍、自我意识调控。"

"这个支点可以叫幸福支点。"

"概念好理解，但准确找到幸福支点并非易事，每个人的境遇不一样，实际需求不一样，对事情理解不一样，环境影响和压力也不一样。"

"您的幸福支点是什么？"

"有大有小，有战略性的也有非常具体的。先说大的，不同年龄阶段谋求的幸福支点不同。如果用一个字表述，四十岁之前就是'拼'，四十到六十岁是'守'，六十岁以后是'养'。四十岁之前，人如东升旭日、正午艳阳，精力旺盛，幸福体验主要来自成长进步。支点的一边就是奋斗，另一边是奋斗之外的所有，也就是拿出百分之五十的时间、精力、资源拼事业，百分之五十的时间、精力、资源顾生活。四十到六十岁，浮躁渐去，心智渐熟，人脉关系相对稳定，家庭责任越来越重，幸福支点的两边，事业、财富、社交、自我提升占一边，身体健康、家庭事务、子女教育占另一边。过了六十岁，健康就要独占一边，家庭关爱、收支理财、个人爱好占另一边。每件具体事情也有支点，比如你们这个年龄段的夫妻，一边要面对生活压力造成的各种负面情绪和矛盾，一边是共克时艰、家庭和睦、孩子健康成长的美好愿望，守护幸福的支点就是'容'，相互包容，包容对方的一切非原则性问题。虽然夫妻之间的爱不全是'糊涂的爱'，但要闭一只挑刺的眼，闭上抱怨和责备的嘴，在相互扶助中守望幸福。"

"如此看来，生活中大部分事情都可能找到支点，平衡出幸福状态。"

"你知道，我快六十那几年患了易普症，手腕痉挛不受控，一度十分懊恼，严重打击了参加老球友聚会的幸福感。后来我找了个支点，'认'：首先，易普症出现在我身上，虽然不受意识控制，但也是我身心的一部分，我应该认；其次，很多大牌运动员都得过这个病，有的甚至因此中断职业生涯，砸了饭碗，我这连吃饭都不影响，我更可以认；最后，我可以把出状况的情节当作笑料和老朋友们分享。直到现在，大家聚会时还把我的连击故事翻出来逗乐，你说我认得有多值？这些年，老爸左眼轮肌痉挛带动半个脸抽搐，颜值大降，你看我发愁了吗？因为能平衡，所以常开心。"

"开始我们很担心,后来看您都无所谓,我们也就跟着放下心了。"

"伤是人健康之大敌,须防范,须急救。所谓病则不同,是人命之伴生,你视它为敌,结果不是它死你残就是同归于尽;你视它为伴,最终结果虽然也是同归于尽,但心路历程大不一样,在幸福支点的平衡下,理智、平静、怡然会取代恐惧、焦躁、悲凉,自己的情绪、亲人的心境、家庭的氛围还能维护好,日子仍旧是好日子。"

"老爸,您这坏脾气都能立支点,那大多数人找平衡也不成问题。"

"说得好,立支点、找平衡。宇宙万物永远在变化,也永远在平衡。人的事也一样,不是主动平衡就是被动平衡,被动平衡有代价,主动平衡却可以避免代价。天气降温加衣服,天气炎热多喝水,流感季节戴口罩,睡眠不足补补觉,这些都是主动平衡保健康的措施。幸福需要祥和,祥和需要平衡。有智慧的父母善于维系家庭平衡,使家庭祥和、幸福。"

"'驱动平衡'的驱动,就是积极立支点、主动找平衡吧。现在社会竞争激烈,内卷外卷加剧。想要在社会上立足,要付出超过以往数倍的努力,承受巨大的心理压力,这导致一部分人选择躺平,这也是一种平衡结果吗?"

"应该是被动平衡的结果,压力过大,实在扛不住,躺平是自保,比崩溃好很多。如果发现心理天平向压力一边严重倾斜,就把支点向倾斜一边移动，增加减压砝码，避免出现极端问题。特别对初高中阶段的孩子，父母要时刻保持警惕，防止因心理严重失衡而发生悲剧。"

"现实情况是，要想生活好，不卷不行啊，有没有办法让人敢卷、会卷，还能保持幸福状态呢？"

"当然有，你看夺冠运动员哪一个不是伤痛缠身，而站在领奖台上的哪一个不是幸福满满。卷也是通向幸福的路径，因为遍布荆棘，有的人走不下去就退却了，而有的人凭借勇气、热情和披荆斩棘的能力到达目的地，收获的就是卷出来的幸福。"

"您刚说初高中生的父母要特别关注孩子的心理平衡状况，不能让他们压力过大。但现实情况是这一阶段的孩子非常卷，要求上进的好孩子更卷。能不能考上名校是关乎前途的重大选择，僧多粥少，不卷不行啊。家长让孩子卷和您主张的无教育法矛盾吗？"

"让孩子卷与无教育法有矛盾，同意孩子参与竞争则不矛盾，帮助孩子竞争的是好家长。为什么？因为要上进，竞争就是躲不掉的事情，但如果孩子不愿意，家长逼孩子去卷则不可取，这样，孩子不仅卷不出理想结果，可能还得不偿失。如果孩子不怕竞争、敢拼搏，家长尽其所能帮助孩子赢得竞争，一定会使孩子提升才干、奔向幸福。无教育法主张家庭陪育孩子，为孩子锻造好体格、塑造好性格、打造好人格，同时拉高智力、推高能力、提高辨力，这正是为孩子敢竞争、会竞争提供较强的生理、心理基础，调动孩子的内驱动能，磨炼孩子的抗压意志，强化孩子的竞争本领。

在这样的基础上,孩子初三开始走出舒适区,主动进入竞争行列,有目标、有计划、有落实,逐渐适应竞争环境和竞争生活,哪怕考不上名牌大学,也提高了敢于竞争的意志和善于竞争的本领,为今后加入社会竞争积蓄能量。"

"初三开始参与竞争晚不晚?很多小学生就被家长盯着,忙于刷题。"

"年龄小不可取,很大可能会导致厌学,更大的危害是打压求知欲和创造力。因为孩子从小长时间按标准答案学习,就会被标准化的思维方式固化大脑,长大难以成为创造型人才。今后,高层次工作内容都是没有标准答案的,需要从事这一工作的人自己给出答案。初三以后,孩子对未来有想法,责任心、承受力渐强,直面高中、大学的选择,有能力参与竞争,也应该参与竞争。"

"竞争毕竟是一件有压力甚至又苦又累的事,家长有什么办法能帮助孩子减少压力、快乐参与呢?"

"难,家长能帮助做的**不是减轻压力,而是适应压力,不是竞争出快乐,而是竞争出信心**。具体建议是分三步走。第一步,提高认识,调动激情。和孩子一起描绘个人理想、分析社会现实、展望未来发展,使之从思想层面认识到想过好生活、想小有作为、想出人头地,竞争是必然、是常态、是社会规律,逆水行舟不进则退,追风少年时不我待,强者从不畏惧竞争,用可效仿的人物案例激发孩子的斗志和激情。对一件事的看法是找平衡支点的关键,心理学家艾利斯说'人不是被事情困扰着,而是被对事情的看法困扰着'，所以要树立敢于竞争的信念，首先要消除掉孩子的畏惧情绪，激发出他敢打敢拼的精神状态。第二步，知己知彼、扬长避短，帮助孩子看到自身价值和成长潜力，看到自身价值对社会贡献的可能性，以及社会相应回馈报酬和奖励的可能性。看到自己在竞争群体中的位置和优劣势，确定努力方向，制定具体措施。第三步，监督促进，有张有弛。人天生懒惰，好逸恶劳，孩子更不愿脱离被父母爱护的舒适状态，所以达成共识后，家长要每天提醒、检查计划的落实情况，发现孩子疲倦懒散时能及时温柔逼迫，直到全家适应竞争环境、竞争节奏，孩子切身体会到竞争带来的成长进步甚至幸福感，即可让孩子去更高平台竞争。在竞争状态中，要重视**给孩子留出释放压力、宣泄负面情绪的出口**，比如周末睡懒觉、玩电游、吃大餐、唱歌跳舞、户外游玩，切实维护孩子生活状态和心理状态的平衡。"

"不论内在关系还是外在关系，平衡都是一门艺术，物质与精神、事业与家庭、工作与生活、拼搏与健康、勤俭与享乐等，岁岁年年、方方面面都要精心分析判断、内外纵横拿捏，搞好了不仅从平衡中大大受益，还能从平衡中收获'福流'。"

"福流难得，它是幸福感充盈心灵的体验，是极致满足、自我预期的结果。幸福是创造出来的，是奋斗出来的，也是平衡出来的。**创造不一定获得幸福，奋斗也不一定获得幸福，但平衡好了一定能体验幸福。**驱动平衡是积极的平衡方式，是不断求进的自我平衡方式。"

"卷不一定能卷出幸福，不卷不一定得不到幸福。一切取决于自身条件和愿望，有条件就按对应条件的范畴去卷，否则就凭借自身优势另辟蹊径，创造幸福生活。不必裹入缺乏自主动力的洪流中从众漂泊，长期处在身不由己的状态中。"

"丧失自主的无奈是一种很负面的情绪，和人要求自由自主的自私天性直接冲突，不仅是快乐的障碍也是幸福的障碍。"

"老爸，说到自私，我联想到一个问题，是自私的人容易获得幸福，还是无私的人容易获得幸福？"

"无私之人罕见，人基本都是自私的，区别只是自私的维度不同，有唯我之私、小我之私、大我之私，对应的是快乐、幸福、大幸福。"

自私的维度与幸福的维度

"能用驱动平衡来理解唯我之私、小我之私、大我之私对应的快乐和幸福吗？"

"虽然牵强，但容易理解，如果把自私作为支点，一边是人的兽性得到满足，另一边就是快乐；一边是人性得到满足，另一边就是幸福；一边是人的神性得到满足，那另一边就是大幸福。"

"实际不会分这么清楚吧，人的兽性、人性、神性是裹在一起还经常变化的。"

"没错，一个人的格局就和三性裹合比例有关系。兽性比例大则格局低，人性比例大则格局中，神性比例大则格局高。

"人类虽经过几百万年的进化，但我们肉体和灵魂的内核仍然有兽性。为本能的一己之私，原始人争夺食物和配偶，嫉妒、暴力甚至杀戮。同样，基于本能欲望，上百万年的进化让人类懂得一个道理，即个体生存繁衍远不如群体更安全、更高效、更有质量。基于这一需求，群体生存就要有秩序，要有规则管控，灰色层面就要有道德约束，于是人性便产生了并占据主导地位。由兽性升华的人性，自然也离不开自私自我、趋利避害、贪生怕死、从众心理。由人性升华的神性将人的一己之私、一群之私提升到种族之私、人类之私的高度，正所谓大德、大爱、大善。从兽性到人性再到神性，就是为了人类安全发展、整体追求幸福、扬善抑恶的过程，也意味着个体的人按照这样的进化规律做人，才能获得真正的个人幸福和家庭幸福。"

"说白了，自私是人的本性，无所谓对错。是人都自私，但在文明社会，人又不能太自私，因为那样会严重触犯群体利益，失去依赖群体而得的护佑和福利。所以，家长要帮助即将独立生活的孩子做一个自私维度评估，不仅有自己的还有环境的，以期处理好利益关系，为幸福生活铺路。"

"为什么要评估环境维度呢？"

"这里的环境维度单指主体人员构成，是唯我之私的人占主导地位，还是小我之私的人占主导地位，或是大我之私的人起决定作用。不同环境维度决定与个人自私维度的矛盾，事前评估找到对策能有效减少冲突，提高快乐幸福指数。"

"人为什么选择在法治环境中生活，就是因为法律维护了弱势群体的安全权益。所以，民主法治是人类整体幸福的基本措施，是让文明之光普照众生、点亮未来的唯一途径。"

"具体有什么方法能帮助孩子评估自己的自私维度呢？"

"离开环境评估个体自私维度没有意义，单就法治环境而言，一般情况下可以对比中性标准做评估。对初入社会的孩子来讲，中性标准是'唯二小五大三'，唯我之私占两分，小我之私占五分，大我之私占三分，这样的比例构成会比较合理，能与环境达成共识、共通、共融。"

"唯我两分指的是安全和动力吧？"

"就是这两条，**生存安全和发展动力**。生存安全，这一唯我之私在任何环境中不仅不能削弱，还要巩固。人无论在任何环境中，危险都常伴左右，单靠理性判断远远不够，往往第一时间的警告是随远古而来嵌在基因中的敏感，这个不能受任何人的干扰和摆布，需要自私到底。"

"我们青年人走上社会独立生活，说到根上是为了成家立业、创造更好的生活。多少雄心大志都来自这一最底层的动力，无论参加多么伟大神圣的事业，除了非常的和不正常的，都不能离开这个自私维度，否则不是上当受骗就是自欺欺人。"

"实在话听起来不高调，但警醒。如果自私维度中以上两条过重，可能发生与环境的信任危机和分配危机；过轻则可能导致伤痕累累、一蹶不振。评估的目的就是自己的和环境的维度尽量重合，以期相互适应、相互促进。"

"五分的小我之私包括什么？"

"第一分是**为利己而利他、用诚信换诚信、以尊重得尊重、抱谦逊求人和**。人性首先是利己，而后是利他，利他一般也是源于利己。要让孩子知道他人做出有利于你的言行背后的利己动机，他就会有比较清醒的判断，做出共赢反应或适当躲闪以避免踩坑。自己的利他行为也要基于利己需要，以求和利他对象达成平衡，维系正常的互利关系。很多因为借钱不还导致朋友变敌人的事情，都是忽视了人性利己本质的结果。正是为了实现利己目的，用诚信换诚信就显得十分重要，最好用有保障的诚信换得有保障的诚信，利己利他达成互利。说白了，诚信不能仅在嘴上说，而要言行一致，要落实具体措施，比如信用抵押、财产抵押、第三方担保等，先小人后君子比先君子后小人好得多。获得尊重事关生存环境、社会地位、自我存在和自我认同，在自我尊重的基础上尊重他人。真心真意尊重他人是得到他人尊重的不二法门。用权威压迫得到的尊重、用金钱收买得到的尊重，也会随着权威、金钱的失去而失去。"

"所以，人无论附加了多大的名望、财富、权柄，都要发自内心地去尊重使名望、财富、权柄具有实际意义的群体，通过赋利他们来维护自己的利益。长期保持谦逊的态度，使自己成为人群中容易沟通和交流的一员，增加名利收益的机会。"

"第二分是**贪心有度、谋财有道，管控欲望、量力而行，趋利不夺利、避害不害人**。人性贪，贪吃、贪色、贪名、贪利，有错吗？度之外有错，度之内没错，这个度就是应得和不应得。怎么确定应得和不应得？以贡献价值、道德规范和法律准绳衡量之。

得了应得的心安理得，贪了不应得的早晚都要还。既然人性有贪婪过度、伤害自身的风险，那就要施加有效管控，如赛马在社会公允赛道上争速度，而不能成为脱缰野马、横冲直撞、害人害己。人与人不同，用自己的弱项对比他人的强项是庸人自扰，特别在谋财作为上，切记要量力而行。选了发财路，要先评估自己的能力、实力差在哪里、能否补足，不行时可否寻求外力介入确保力所能及。"

"趋利避害是人性内核，也是人类能进化至今的基础因素，从游牧到农耕再到工业文明，为生存发展而争夺利益空间的冲突、战争贯穿了我们的历史。作为生活在信息社会的人，趋利避害应该超越以往有新的意义，如您说的趋利不夺利、避害不害人。"

"利益冲突是社会和谐发展的最大障碍，国际争端、政治争斗、商企争战的根源正在于此。对初入社会工作的孩子来说，不具备抢夺利益的能力和实力，所以要尽量避免卷入纷争。追名逐利没错，但不能抢夺应该属于别人的名利，更不能为保自身嫁祸于人。欺名必遭辱骂，夺利必遭反抗，有冲突无安详，无安详难幸福。"

"那遭人抢夺咋办呢？"

"能舍小利，和之则和，不能和就反抗，有菩萨心肠还要有金刚手段。"

"通过斗争达成平衡也是求得平衡的一种途径。"

"第三分是**以德报德无差别、以怨报怨有分寸，可羡可妒不可恨、知人知面也知心**。父母应该叮嘱孩子，生活中得到别人帮助时，一定要给予相应回报，如果当时能力有限，也要让对方知道自己将来有条件了就会回报，对方接不接受是他的事，但是否回报是你的事。因为大部分帮助你的人也是普通人，人性决定了帮助人很少是无私的，就算当时无私过后也会有私，如果安然接受了没啥表示、没有实质行动，以后容易生出嫌隙甚至怨恨。"

"不普通的人、神性高的人助人不图回报，是从助人中已经得到了快乐和满足，是创造幸福感的回报，也就是常说的福报，这也是让普通人困惑的原因，帮助了你的人还要说'谢谢你'。"

"对的，而且以德报德不能有差别，不能根据对方身份地位、亲疏远近决定回报力度和方式，做到不看人只凭事，唯此做人方会产生更多互助，收获更多额外好处，铺垫幸福道路。"

"您说以怨报怨有分寸，有怨一定要报吗？"

"有怨必报，这里的报不是报复，是通报。一是卸掉自己的心理包袱，二是向对方表明你的态度，或消除误解，或告诉别人应该怎么对待你。报得有分寸就是因人而异讲道理、讲风度、讲方式方法，用对方能接受的语言通报事情原委和你的看法。怨易化解恨难消，在怨没生成恨意之前就该通报，快速拆除人和藩篱。"

"理解了，生活中矛盾重重烦扰不断，有怨生气很正常，是人性使然，应及时化解，避免由怨生恨。"

"前面咱们还聊过如何化解嫉妒，嫉妒也是人性的主要表现，有嫉有妒很正常，但嫉妒不可生恨，人性情绪一滑向恨就容易勾出兽性的恶出来。"

"由恨生的恶一旦释放就容易失控，造成悔之不及的后果。"

"兽性、人性决定了人有善恶两面，恶的一面往往隐藏在表象之内，之所以知人知面难知其心，是因为对兽性、人性缺乏深入了解。若想知其心，就要以利益需求为线索，结合立场、观念、脾气、秉性换位考察，对其所思所想一般能摸个大概，从而预留出稳定关系的腾挪空间。"

"年轻人看人看事容易表面化、理想化，常发生误判，使自己被动，应能看清人性基本面，再结合社会实践加快成长，为人处世刚柔兼济、轻松圆润，营造相对协调祥和的人际关系，助力幸福生活。"

"第四分是**无名恼火不转嫁、自己犯错自己担、话说两头留半句、得饶人处且饶人**。是个人都会发火，很多无名之火自己也说不清，这是人性。无名之火有的是生理原因，有的是情绪波动，有的是忙得烦躁，有的是闲得发慌。火发在自己身上不算错误，发向无关的人就不能原谅了。特别是对亲友容易犯这种错误，最不能接受的是父母把火撒在孩子身上，打骂甚至虐待，这种父母把人性的丑陋、兽性的凶恶深印在孩子心灵上，终有一日会遭到反噬。"

"家里面最怕有拿亲人当出气筒的成员，那简直就是灾难。很多争吵和矛盾都是这个人制造出来的，使家庭气氛长期处在紧张的状态中，导致全家人特别是孩子感到压抑、焦虑、苦闷，少有快乐，更谈不上幸福。"

"无名的烦躁和怒火一定要想办法自己消化，找乐子调整心态、转移注意力、走出心霾。同样道理，自己做错了事自己负责，要严厉提醒自己不可推诿给别人。为何要提醒呢？因为人性决定人对于错误、失误的本能反应是逃避，年龄越小则这种反应越直接，青年独立生活就要克服恐惧感，强化责任感，敢于面对、敢于承担、敢于纠正错误，坚持前行。"

"实际情况往往是欲盖弥彰，越抹越黑，错上加错，还不如勇于担当，及时改正，赢得谅解和信任，降低时间损耗成本。"

"勇于担当的人还是少数，因为克服人性弱点并不容易。比如几方亮观点、讲道理，很难达成一致，甚至吵成一锅粥，各执己见，不欢而散，这也是人性使然。自私自我等因素，让人在发表意见时难以自觉，极易偏离客观、陷于片面。"

"您多次提醒我说话不能太满、下结论要留余地、道一面别忘了补充另一面，做判断先划定前提条件。人即使读了万卷书、行了万里路，可能仍然所知甚少，见识欠缺，说多了露怯，说错了惹是非，得不偿失于追求幸福有损无补。"

"是啊，反过来，别人说错了话，除非必要，不用反驳纠正，得饶人处且饶人。现实情况是大部分成年人很难被说服，你只需管住自己的嘴，没用的话少说，无聊的话不说，戒胡言乱语、恶言詈语、勿花言巧语、谗言佞语，培养自己谨言慎言的好习惯。"

"'病从口入、祸从口出'每个人都知道，但真能管住嘴的人太少了，这也是人性的弱点吧？"

"如果能轻易做到就没必要讨论了，正因为难才强调给青年人，他们的社会生活刚开始，谁能克难，谁就拓展了把握幸福的空间。就如小我之私的第五分也很难做到，但做到了就有很多好处，所以还是要啰唆几句：**讲灵活不失原则、偶说谎仅源善意、要面子不因虚荣、发脾气只为公正。**"

"我这样理解：原则是为公众利益而设定的，与自私利己的人性相对。灵活是人性喜欢的，因为灵活可以不择手段地满足自私的要求。比如古时候捕鱼，用什么方法都可以，因为人少鱼多；现在人多鱼少，仅关于捕鱼的时间、地点、种类、工具就定出很多原则，以保证鱼的繁殖量和普遍供应量。所有人都遵循原则吗？不是，为了自己多得利，有禁渔期偷捞的，有用电击的，有超量捕的，做法灵活，对此只能按原则处罚，以维护公众利益。"

"只讲原则、不讲灵活不符人性要求，只讲灵活、不讲原则不符社会要求，所以要讲灵活、不失原则，以求得两者平衡。基于自身利益考虑更要立足长远，活在原则的范围里，不'死性'，也不过度'活泛'，例如竞标建房子，投标时灵活些，但干起来一定坚守原则、保质保量。能游走在原则线上是少数人成功的秘诀，但那要有高超的掌控力，否则稍不留神就会出圈。"

"缺乏掌控能力的话还是原则多一点好，少占了便宜但不吃大亏。"

"这话中肯，能力不及就不能太灵活，如同记性不好还说谎一样，别人还没忘，自己又编一套，不但出丑，还惹麻烦。"

"记性好也不能说谎啊。"

"从人性来看，不说谎有点难，在面临自身利益受损、需要谎言补救的时候，大多数人会说谎，甚至是下意识说谎。"

"因此，诚实难能可贵。"

"要真正做到诚实，需要从小养成实话实说的习惯，或成年后有深刻的理性认知。养成诚实的习惯主要在于家长要奖励诚实、惩罚撒谎，而不是孩子说了真话反而要挨骂挨打。说谎的风险在于一个谎言往往要用很多个谎言去圆，如果失控，损失会更大，所以讲真话是及时止损的有效措施。在社会环境中，讲真话是聪明人所为，也是融进更多资源、创造幸福感不可或缺的品行。"

"讲真话也不能张嘴就来、脱口而出吧？"

"分人分事分时分地，要结果导向。有利于好结果就讲，不利于好结果就等一等，时机成熟了再说。"

"为了好结果也不可以说谎。"

"当然，为了自身利益说谎不可为，如为了他人免受伤害，在不损害公众利益的前提下可以为之。所以，诚实人偶尔也说谎，纯粹是出于有益无害的善良意愿。"

"出于善意、有益无害算是诚实人说谎后的自我谅解吧。"

"善意且无害的谎言大多是利他行为，不必愧疚，也无须谅解。"

"也就是说，在人性面前，道德标准不能极端化，道德要求和人性要求相互博弈，达成平衡，无论你如何看待，那都是合理的存在。"

"所以，年轻人初入社会，对自己、对他人都不能要求过度，**既推崇高尚道德的明亮，也认可人性中的灰色，才能达成自我与环境的和解，为追求幸福铺垫心路**。"

"死要面子活受罪也是不能自我和解的表现。"

"要面子在人性中分量重,原因是人需要证明自己在群体中的存在价值。要面子反映了自尊自爱有追求,是人性美好的表现。同样,过犹不及,打肿脸充胖子,分不清真我与假我、实荣与虚荣、奢华与浮华,结果不仅得不到要面子想要得到的,还会丢失原本有意放大的尊重。"

"要面子但不爱面子,更不能太爱面子,自尊、自立、自强,真价值不用粉饰,好名声不必虚荣,有缺点不怕人说,这样才能活得坦荡自在。"

"做人要做真实的自己,真实不一定得到认可,但虚假败露了一定遭到唾弃。"

"要面子如此,发脾气就两说了吧?"

"脾气人人有,来自原始冲动。好脾气的人脾气来了向内消化,坏脾气的人脾气来了向外消化。"

"您看刚才汤普森失误打球进长草区后,用帽子捂脸骂自己消化怒气,既维护形象又稳定情绪,下一杆就救球上了果岭。"

"顶级运动员都是情绪控制大师,所以孩子从小多参加体育比赛,不仅锻炼身体,更有益心志成长。"

"生活中有很多修养好的人也发脾气,我的博士导师平日温文尔雅,但为新增学科几次在大会上发飙,校长说他是'倔牛'。"

"该发脾气就不能憋着,前提是为了公正的公众利益。你老师建议学校新增的学科很有前瞻性,却遭校方无视,发点脾气可能有助于解决问题。"

"学校还真改变态度了，组建教改班子准备出方案。"

"人不是神，大师们也都摆脱不了兽性、人性。圣雄甘地是世纪伟人，但也因为让多名女童长期日夜相伴而受到质疑。年轻人心中要有榜样，但不必尊其为偶像，顶礼膜拜。崇敬散发神性光辉的人，更要升华自己的灵魂，修得三分神性灌顶，创造追求大幸福的可能性。"

"普通人如何修得三分神性呢？"

"一、扩大爱，二、乐助人，三、怀天下。"

"扩大爱就是扩大爱的范围吧，老吾老以及人之老，幼吾幼以及人之幼。"

"正是，爱自己的父母儿女也爱朋友的父母儿女；爱护宠物猫狗也爱护野生动物；爱护所属资产也爱护公共设施。人性的爱拘于小我，生于自私的基因，爱得适度美好而幸福；神性的爱扩至大我，发于利他之善愿，爱得普度慈悲而大幸福。在社会生活中，这份神性不仅能赢得信任与赞许，而且会通畅心流、滋养心性，最受益的还是自己。"

"乐助人，也是发自内心去帮助人，不图回报去帮助人，帮助了别人，自己收获快乐，别人受到感染，善良得以传递。帮助人也要看对象，帮助值得帮助的人，自助的人天方助之，何况我们普通人。普通人的神性有边界，因为普通人的能力有限度，神性大发而力所不及则往往事与愿违，还不如独善其身。"

"你涉世未深但认识不浅，甚宽老爸的心。"

"弘扬正气要量力而为、合力而为，提倡众为而非独为，提倡理性而非莽撞，提倡英雄群体而非孤胆好汉。"

"扩大爱、乐助人不难做到，难的是持续发自本心。真正将这两分神性注入灵魂的人，哪怕置身于逃难的灾民中，也会散发出感染和凝聚的辐射力，影响和改变周围环境。如再具备怀天下之格局，就会有更大的作为。一个青年如果心有慈悲、胸怀天下、努力做事，必定不普通，会成为人中翘楚，社会精英。"

"我理解的怀天下就是**站稳脚跟、放眼世界，看到发展趋势、顺势而为，摸到发展规律提前站位，认清发展形势、正确取舍，抓住发展机遇、拼搏成功**。信息时代，几乎每个青年都有收获名利的机会，得到或得不到、多得或少得，首先在于思维模式和思维层次，高阶思维的基础就是胸怀天下的格局。"

"无论身处何地，都要放眼了解世界，经济、政治、社会、军情、观念、思潮、人心向背。过去难做到，现在打开手机尽揽天下。虽然大部分信息都有立场或背景，但虚假信息同样有价值，你善辨识就能看到真实的一面，你具慧眼就能抓住成功的机会。"

"神性提高人的品质，放大人的格局，增添人的魅力，改变人的命运，是收获大幸福的精神源泉。"

"兽性、人性、神性，唯我、小我、大我，基因决定了我们自私的属性，文化使我们升级自私的维度，也升级了我们幸福的维度。人生是一场旅行也好，是一场修行也好，幸福的路只有一条，那就是心向上的路、心向善的路、心向光明的路。"

> 卡诺斯蒂球场忽来一阵风雨，比赛暂停了。风雨过后，天空湛蓝如海，白云如帆，选手和球迷们都重整衣装回到赛场，兴奋的气息愈加浓郁。排行榜上出现三位-2杆数并列第一的球员，分别是汤普森、拜欧·罗伯特和昆鹏。落后一杆、单独位列第二的是瑞典选手阿尔韦德，这位高大的北欧名将，刚从重度抑郁中挣扎出来，他能重回赛场，以超强意志进入争冠行列，赢得了全场一致的叫好声和尊敬。无法想象，仅在一年前，阿尔韦德因不堪抑郁症折磨险些结束自己的生命。赛前接受采访时，他说："在最后时刻，是孩子们唤回了我，后来医生和教练帮我重新找回了生活的价值。虽然冠军对我意义重大，但能回到公开赛，我已经赢了自己。"

缓解抑郁情绪，收获幸福人生

"您看阿尔韦德的孩子们看爸爸的眼神，充满了对英雄的崇拜。"

"他的孩子们没有受到影响，反而收获了正能量，这是一件非常值得庆幸的事。但不是所有孩子都这么幸运，因为家长'有病'导致孩子患上抑郁症而自残、自杀的现象触目惊心。让人悲愤的是那些家长的'病'大部分不是阿尔韦德这样的生理性疾病，而是无知、攀比、发泄、施虐等人性的负面欲望。"

"老爸，咱们不是在聊幸福吗？怎么一下聊到这么沉重的话题了？"

"追求幸福的最大精神障碍是抑郁，孩子的天性使他们本来离这件事很远，但现实生活中却有大量初高中学生有抑郁情绪，一部分还发展成为抑郁症，这是我心里的痛，总是想找人说说。你看过《2022年国民抑郁症蓝皮书》吗？"

"没有，听说当时大概每十个人中就有一个抑郁，是吧？"

"差不多。惊人的是在抑郁患者群体中收集的六千六百七十份有效问卷中，有百分之八十六的人回答引发抑郁的主要原因是情绪压力和家庭亲子关系。在抑郁症患者中，有百分之五十的患者是在校学生，百分之六十九的学生患者是由于家庭关系问题出现抑郁。十八岁以下人群发病率接近于成人，而成人很多也是在青少年时期患病的。生病的孩子往往有个生病的家，他们在家庭中感受到的是严苛、控制、忽视、缺乏关爱和冲突家暴。青少年时期本该是充满阳光、朝气蓬勃、快乐成长的，但有这么多孩子在痛苦厌世、药物治疗中煎熬，真是令人痛心疾首。"

"可恨的是有些家长看不到孩子病了，把问题简单定性为不爱学习、青春期叛逆或者意志力薄弱。"

"报告中说，对青少年患者而言，父母是其就医前极为关键的一环。他们能否及时察觉到孩子的异动，并给予有效的关注和引导，在很大程度上决定了孩子未来的病情走向。有些孩子发展成重症，是家长的无知、疏忽、误解、固执而使他们长期得不到治疗的结果。"

"听说当时医院的精神科挂号一号难求，青少年患者挤满了病房。"

"看到这些数据，让人不禁怀疑，我们的家庭和学校是在培养健全人才还是在制造心理病人。"

"初衷肯定不是如此,但结果出人意料,根源是什么呢?"

"除了遗传和生物性质的原因,社会高速发展带来的竞争和压力,人们盲目攀比导致的无知和焦虑,都是导致抑郁患者大量增加的因素。这些压力和焦虑通过家长和学校投射到孩子稚嫩的心灵上,摧残力往往更大。"

"身处竞争几乎白热化的时代,每个人身上都压力千斤,想躲也躲不掉,怎么办呢?好学校一席难求,好工作机会难找,生存空间变小,上升通道变窄,孩子要谋取好前程,社会标准还是凭分数、凭学历、凭背景,不拼行吗?"

"不行,但是不能好前程还没拼到,先拼出了心理疾病,甚至为了不确定的未来丢失了宝贵的生命。"

"让孩子既要拼搏又要健康,既要走出舒适区又要追求幸福感,还要避免罹患心理疾病,那家长应该怎么做呢?"

"总体把握三个平衡:**强度与年龄平衡,目标与条件平衡,压力与释放平衡**。细节把握四先四后:**先尊重后建议,先理解后督促,先支持后转化,先爱护后批评**。"

"咱们昨天聊的初三开始参与竞争,就是强度与年龄平衡的意思吧?"

"那是说的大概,具体到每个孩子要看具体情况。年龄不仅是生理年龄,更要看心理年龄。强度不仅指竞争强度,还有从孩子身上反映出的对落后、疲倦、挫折、孤独等压力的有效忍耐度和抵抗力度。"

"同样生理年龄的孩子压力反应不一样,同样压力下,孩子有的从容面对，有的就承重千斤。所以，家长要对自己孩子的承压能力做出判断，与他将要或正在承受的压力强度做个比较，如强度过大，一定要做出调整，可通过适应性训练提高他的承压能力，不行就降低强度或带他脱离高压区。"

"一些家长说后悔把孩子送进重点学校，是因为重点学校竞争激烈，孩子排名下滑会出现心理落差；内卷严重，孩子容易精神紧张。在这样的压力环境中时间久了孩子会分化出两种状态，一种是承压能力提高适应了压力强度，另一种是心理失衡。最让人揪心的是个别孩子极力掩饰内心的真实状态，表面上看起来一切正常，突然有一天就发生了意想不到的自残、自杀。这类情况更多出现在成绩好的'乖孩子'身上，所以家长要万分注意。"

"平衡了强度与年龄，还要平衡目标与条件，就是孩子需要充分的条件支持自己去实现制定的目标。'没有条件创造条件也要上'这样的口号不适合十八岁以下的青少年。'有什么条件干什么事，条件具备只需努力'，这样的说法更有利孩子的身心健康成长。我们对克服千难万难、把不可能变成现实的孩子和家长充满赞赏和敬佩，但这不具备提倡、推广的普遍意义，因为我们只是看到成功的个案，大多数孩子和家长都是普通人，盲目激进的做法可能对孩子产生不可逆转的伤害。"

"您说过，每个孩子都是天才，但天赋各有不同，要扬长避短而不能扬短抑长。孩子能在自己所长上发力，不仅成效快，而且欢乐多，即便压力大也不易出现抑郁。"

"基于孩子特长条件设定目标，尽管可能不太从众，可能和社会样板标准不太一致，但也是家长的明智选择。无论孩子作何选择，压力与释放的平衡都是最重要的。洪水到来前要开闸放水，高压锅压力过载要自动放气，孩子也一样，有多大压力就要有多大释放，在增加压力强度之前要先留好释放出口，孩子喜欢打球跑步就天天安排，喜欢音乐歌舞就吼唱蹦跳。不要怕耽误时间，学习压力需要释放到位，才能提高效率，学到位、记到位、用到位，更重要的是达成心理平衡，防止抑郁情绪，保持学习动力。"

"总体把握三大平衡，需要家长有比较好的分析决策能力，但细节把握四先四后就比较简单。先尊重后建议，即向孩子表达想法前先征得他同意，表达时用商量的口吻，说完了要征求意见。如果找不到感觉，就把孩子当成领导、客户、同事一样说话。先理解后督促，即如果孩子倦怠、消极厌学，家长不要张嘴就责备、训斥、辱骂，而应先表达共情、询问原因，让孩子感觉到父母的关爱，找到症结再商讨解决方案，推动孩子积极进取。如果孩子出现了有违家长意愿的想法、行动和要求，家长第一时间切忌发怒反对，而要表示同意或认真考虑。如果孩子有道理就坚决支持他，如果孩子没道理，则再讨论、分析，慢慢转化，帮助孩子提高认知水平。孩子做了错事，家长不要上来就疾风暴雨，而应先让惶恐中的孩子感受到父母的爱护，放下紧张对抗情绪，敞开心扉，接受批评和教导。这些对话原则，既符合初、高中学生生理发育特征，又对应孩子心理发育阶段的需求，是健康有效、事半功倍的交流方式。"

"解释得好，这么做起码能避免发生孩子瞬间失控的过激行为，减少悲剧的发生。"

"我们应尽力防止孩子出现心理问题，但如果孩子不幸得了抑郁症，家长该怎么办？"

"先搞清楚是抑郁情绪还是抑郁症，抑郁情绪是人人都会有的负面情绪，而抑郁症是病。导致抑郁情绪的原因不复杂，某种愿望没实现、被人无视或冷落、身体不舒服、受恶劣天气的影响、行为受限等，都可能导致抑郁情绪。但患抑郁症的原因就不简单了，生活遭遇重大变故、受到多重负面刺激、外部环境长期压抑、遗传缺陷或神经内脏病变等。抑郁症引发的抑郁表现比抑郁情绪严重很多，时间也长很多，一般性交流无法缓解。抑郁情绪存在时间短，有效沟通、运动娱乐后会明显好转，对身心健康影响不大。抑郁情绪虽然也引发失眠，但情绪好转后就会缓解。抑郁症导致的失眠比较顽固，不借助药物难以克服。发现孩子有抑郁症表现，应尽快找医生诊断，按医嘱治疗。如果孩子只是一时有抑郁情绪，就不必大动干戈，以免引起孩子误解。一般情况下，有抑郁情绪并不会使人丧失精神力量，也就是说生存信心和自我意志都还在，家长应尽快帮助孩子做出调整，比如：换换环境，让孩子离开压力区域，去群山、森林、大海，回归自然，转换心境；换换作息时间，过去生活太规律的换成随心所欲，过去不规律的，就调整作息，早睡早起、按部就班；换换生活方式，减少看书、写作业的时间，加大体育运动，从突破体能极限中感受愉悦；换换社交圈，走出家门、校门，认识新朋友，聊上新话题，开展新活动，丰富新生活。"

"最重要的还是家庭环境，如果症结在亲子关系，当父母的必须做出向好的改变。如果症结在升学压力，父母必须放下执念，给孩子卸下包袱。要想明白，为所谓的前途牺牲了健康，前途也渺茫，为所谓的脸面牺牲了健康，脸面也就丢了。"

"另外，父母必须在孩子内心深处建立起为追求幸福而活着的信念，让孩子明白只有坚持这一信念，才能披荆斩棘、迎风破浪，走向光明、走向幸福、走完天予的人生旅程。"

幸福是人生一场修行

"古往今来，先哲圣德为寻求真理，冥思苦想，化己度人。普通百姓为追求幸福，辛勤劳作，养育后代。生存方式虽有区别，但生存本质相差无几，都是从生到死，都是分子有机聚合到无机离散。先哲圣德的一生是一场伟大的修行，普通百姓的一生也是一场伟大的修行，虽有自知自受、利他利己与不知自受、利己利他之分，然而目的、结局都指向一个方向，就是寻获幸福。"

"人生一场，修行一场，自觉的自主修行，不自觉的天主修行。所思所想一言一行、所舍所取一失一得、所弃所依一离一合，无不揭示生存的道理、教训与经验。善修者视野拓展、心志成长、境界提升，不善者怨天尤人、随波逐流、庸庸碌碌。幸福不易得，善修机会多。修与不修都要过日子，有头有脚为何不试试呢？特别是青年，路漫修远，上下求索一定助益幸福。"

"普通人比不得圣贤，每日柴米油盐酱醋茶、衣食住行抚老幼，如何腾出精力自主修行呢？"

"咱们普通百姓的修行就是日常，柴米油盐是修行，衣食住行也是修行，扶老携幼更是修行。幸福是由日常累积的，是由一桩桩小事攒起的，是由一件件杂务摞起的。所以别小看生活中的琐碎小事，从修行的角度重新审视一下，你会发现有很多的不合、不配、不对。"

"是呀，很多生活中的不以为意与幸福相悖，比如暴饮暴食、损害口福，纵欲过度、损害性福，指责抱怨、破坏人和，懒惰懈怠、丢失良机。"

"对咱们普通人而言，幸福是相对的、动态的，认知于内在，根源于善因，修行于日常。"

"您说咱们在日常生活中用什么方法可以修行求福呢？"

"三通法：心通善、行通心、福通行。"

"怎解？"

"心指人的思想感情、主观意识，通指修行的方向和过程，善可解为三个字：空、真、守。修心先修空，说白了就是心里少装事，像搞卫生一样每天清扫一两遍，把没用的垃圾扫掉，把暂时没用的收进仓库，把与自己关系小、与别人关系大的交出去，心里留的事情越少越好。为什么呢？因为心中很多轻松快乐的空间都被无关仅要的繁杂事、妄想事占据了，满是淤塞和沉重，严重缺少愉悦和氧气，呼吸都困难，更谈不上幸福感。你可以把压在心里的事都倒出来一件件细看，有多少是有用的、必要的、离不开的？很少。现代生活中，人都忙碌，但身体忙碌不等于心必忙碌，体乏心不累的话，睡一觉就能歇过来，心如果累了，不仅身体歇不过来，还会郁结病兆，久而患疾。修心先修空，不仅能带来精神的好处，而且身体直接受益。把被担忧、烦恼、焦躁、愤怒、妄念占据的空间腾出来，神怡心旷处即会竖起一扇福门。"

"很多长寿老人的养生秘诀，第一条几乎都是'不生闲气'。"

"怄气堵心必伤寿福，气顺身轻心旷神怡。如能重拾婴儿心，那份纯净就是大福。你在生活中看到的有婴儿态的中老年人，如无意外都能百岁高寿。"

"我们之所以平凡，就平凡在即使听懂了也做不到。"

"容易做到就不用修行了，修行不下苦功夫难结果实。平凡人常被俗心摆布，修行人会在俗心中生出一颗修心，俗心淤塞修心疏解，俗心妄邪修心理正，俗心欲狂修心警醒，让自己内心深处与生俱来的公理主宰自己的生存关系和生活方式。平凡人内心的公理与圣人的没差别，就像数学中的公理一样，用什么语言表达都是一致的。那为什么圣人能从平凡人成为圣人呢？那就是他的修心将公理焕发出照亮平凡人的光芒，是修行的结果。成为圣人很难，但从内心中找到公理，平凡人都能做到，法庭实行陪审制度就说明了这一点。平凡人修行不是为了成为圣人，而是成为幸福的平凡人。"

"修心先修空，再修真。空好理解，只要自己把握内在努力就会有成果。但真如何修呢？光自己努力不行，还要和人性环境接洽，不然你的真可能害了自己。"

"俗话说'富贵易求,真心难得',人在现实生活中,自己保持一颗真诚之心很难,求他人真诚以待更难。因为利益纷争和幽微的人性,隐瞒、欺骗、背叛无处不在,真诚的人往往深受其害,以致真心难求。但幸福离不开真,无真无幸福,只有修得真心,方能求得真幸福。因为难,所以修真心是咱们俗人求福的一道大坎,绝大多数人都迈不过去。"

"那迈过去的是怎么做的呢?"

"**无畏,有底。**"

"无畏是不惧怕伤害吗?"

"不是不怕伤害,是不被伤害,换个角度讲,是付出真心,但不给对方伤害你的理由和条件。"

"有底呢?"

"坚不可摧,经得住任何打压冲击。"

"怎么做到无畏和有底呢?"

"真心对人、不求回报谓之无畏,真诚做事、无柄授人谓之有底。你要真心对待的,都是你之所爱、所依、所托,如你感受到隐瞒、欺骗、背叛,必是有违你之所愿或所求。生活中远离不值得你付出真心的人和事,值得付出的你就只管付出,不图回报,这样做,所谓的欺骗、背叛就伤不了你的心,这样的真心就是一颗无畏的心,就是能生福的心。"

"真诚做人做事,没有小辫子给人抓,没有不可告人的言行让人讹,没有缺德违法的行为被人诈,谁想拿捏你都没办法。人有这样的底,心就坦荡安逸,建立幸福感就比较容易。"

"是的，做人做事无畏有底，秉真心，起善因，修善果，以善通心就疏通了奔向幸福的道路。心撑开了天地，疏通了道路，还要守，日常修行的难点就是守不守得住。"

"大多数人守得住一时守不住一世，所以有幸少福。修行就是克己守善，虽然不必像出家人那样恪守戒律，但遵守法纪道德规范是必需的。同时也要守住善良的边界，善而不愚，良而不懦。善良弥足珍贵，不可滥施，不予恶行者，不付虚伪人。"

"说得好，俗人常内省、守善心，一方面自私不害人、爱财不谋夺、羡妒不生恨、施舍不图报，另一方面善良对善良、真心交真心、诚实换诚实，这样才守得周全、修得善果。"

"'心通善'修行日久，平凡人也会觉悟内心公理，洞察事物本质，提升思维境界，生活自然多了祥顺，也就自然接近了想要的幸福目标。如果再修'行通心'，自然的过程就会加快，能在有限的生命周期里增加幸福时光。"

"'行通心'的修行，就是在日常生活中有意识地主导自己的行为与心一致，不做违心事，不做糟心事，不做亏心事。听起来很简单，修了善心，以善心自我约束，只要不做不就行了吗？但对于俗人来说，大多数情况下是不行的，利害相关时身不由己地违背本心，情势所迫时手忙脚乱地做了错事，被逼无奈时顾己损人丢弃良知，这些在现实生活中常见，因为心善的对头心贼力量更大，不立志修行不足以压倒之。行与心不一致，可能获得一时的苟安小利，但最终还是溃乱失败，须付出额外成本拨乱反正，是得不偿失的人生状态，是走了偏离幸福目标的坎坷泥泞路。"

"所以'行通心'的修行要强化意志力，秉持善心，不向贼心屈服，深信善必善果、恶必恶果，忽略一时的苟安小利，坚定向本心目标行进，自己的精神世界一定是平衡明亮、有幸福感的。"

"咱们俗人要做到'行通心'，还有一个简单的方法，就是驱动平衡。生活不幸福要找原因，如果是因为贫穷不幸福，那就行动起来，在创造财富中获得幸福感；如果是因为奢靡无聊失去幸福感，那就去清淡度日寻找初心；如果是因为忙碌烦冗感到不幸福，那就换种简单的生活方式；如果是因为自卑自怜缺失幸福感，那就在博取功名成就的过程中寻获幸福。心动就行动，只要不违善心，大小必有收获，行动力提升幸福力。怕的就是心动不行动、怨天尤人、心如苦海、坐以待毙，辜负了上天的美意。"

"心通善，行通心，行动力提升幸福力，就是在正确的道路上提高行动质量、行动效率，它们决定了幸福时空、幸福程度。幸福通过行动获得，行动通过修心保正，修心通过幸福结果。咱们平凡人过一辈子，艰难坎坷常相伴，辛苦劳累日相随，如不发自内心地为自己、为后代谋求幸福，那生命的意义何在？如不积极行动去创造、守候幸福，那陪伴我们的苍天大地、日月星辰价值何在？"

"无论自觉不自觉，幸福都是人生命内在的信仰。幸福给无主之心指明方向，给勤勉疲惫赋予力量，给奉献旅程提供归宿。在家庭陪育中，父母的幸福修行直接影响儿女的人生道路，当尽力有所作为，使心通善心相印，行通心行相随，福通行福共享。种福，造福，幸福，愿人世美好代代相传。"

晚霞雕塑的卡诺斯蒂球场，金浪起伏，红楠滚动。海风依然呼呼作响，观众却安静无声。所有球员都打完了决赛轮，没有一个以负杆结束比赛。拜欧·罗伯特和昆鹏正2成绩并列首位，进入延长赛争夺冠军。他们来到十八洞发球台开始加洞，昆鹏领先发球，开到球道中间。拜欧·罗伯特面无表情，还是用非常规范一致的动作稳稳把球打到球道右侧，不仅比昆鹏远三十码，还处于更有利于攻击果岭的角度。观众发出一阵感叹声，其中有对其精湛技术的赞赏，还有对拜欧·罗伯特在如此紧张气氛中表现出超乎常人的冷静和动作一贯性的敬佩。二人在万众瞩目下来到自己的小球处，准备把对胜利的渴望和信心随着小白球一起送上果岭，靠近旗杆。昆鹏再一次仔细查看数码本，测测风向、风速，果断抽出四号铁杆完美一击，小球在空中划出一道白线，砸上果岭，滚向旗杆，停在洞口一码处，全场瞬间爆发出雷鸣般的欢呼声，这一杆几乎是锁定了胜局。轮到拜欧·罗伯特的第二打，他依然面无表情，技术动作规范一致。当所有人认为昆鹏占得先机、拜欧·罗伯特将在巨大压力下崩溃的时候，这个家伙打出了足以名留青史的一击，球居然正撞旗杆掉进洞里！因为难以置信，全场寂静了片刻，接着卷起山呼海啸般的声浪。

毫无争议，拜欧·罗伯特获得本届公开赛冠军，拿到了一百八十万英镑的奖金，昆鹏屈居第二。在颁奖典礼上，拜欧·罗伯特依然音调平平地用书面语言讲了话。人们期待的感动没有发生，一切都显得非常正式和程序化。

当天入夜，昆鹏在酒店房间和家人通了视频，有得到第二名的喜悦，也有没拿到冠军的遗憾，他甚至几度抑制住涌上眼眶的泪水，用深呼吸调节自己的情绪。房间响起门铃声，昆鹏打开门，没想到竟然是拜欧·罗伯特。他手里捧着奖杯，仍然面无表情地说：

"昆鹏先生,这个奖杯应该属于你。"他没等昆鹏反应过来,就把奖杯塞进昆鹏怀里,然后瞬间闪开几米远,拐进电梯间。昆鹏急忙喊:"等等!"电梯间却传来拜欧·罗伯特的声音:"高尔夫是人类的运动,胜利对人才有意义,再见了,朋友!"

后　记

2022年6月，老爸完成《无教育法》的初稿，请我写篇后记。对于书中"格""力"部分，多年来我们有过无数次讨论、争论、辩论，我没有额外想说的了。今年初，老爸增写了"幸福"一章，我读后感触挺多，想说说。

和书中三十岁的石头儿不同，我今年九月上高一，所以同龄人的精神状态我知道。成年人渴望幸福，初高中学生也一样。看起来生活在蜜罐中的我们，幸福感其实也是奢侈品。影响我们的有两个主要问题：内卷和摆烂。

大多数同学初中挤破头考重点高中，上了高中更加玩命努力，国内方向的，悬梁刺股地争进"211""985"，国外方向的，耗费大把时间和金钱考雅思、托福、SAT等，还要参加社会活动以丰富简历，大家在考取功名的尘嚣中成为内卷人。内卷人的家长告诉孩子，人在"奋战"过程中才能获得幸福，人活着，竞争才有意义，分数是衡量标准。他们认为好成绩、高分数是独属于好学生、比普通人更高级的幸福。可事实并没这么简单，生活在内卷中的学生眼里只有学习、解题、补习、考试，幸福的衡量标准不再是快乐基础上的心理满足（或者对他们来说，快乐与满足就是枯燥的学习），而是成绩、成就和家长脸上的光。我认为这是一种病态的思维方式，这些同学将自己整个生活被动裹挟在功名功利的"战场"中，渐渐丢失了独立思考、独立追求甚至独立人格，不像一个具备自我的人，而更像是一个"项目主体"，一个一直被"改进""发展"的"项目主体"。如哲学家韩炳哲在《倦怠社会》里说的那样：现代社会每个人都身处自己的劳动营里，这种劳动营的特殊之处在于，一个人同时是囚犯和看守、受虐者和施暴者，人类以这种方式进行自我剥削。学生沦为"项目主体"的负面影响，也是抑郁症等心理疾病的诱因之一，是病态的、偏离幸福道路的。

另一方面更加可悲，对于摆烂的人来讲，他们也有一种"病"。他们被社会的成功标准规训了，尽管他们说不在意甚至鄙视功名，但他们依然被规训了。他们通过摆烂的方式去反抗社会标准与规训，但结果也是无法获得真正的幸福。摆烂是一种放纵的行为，是一种虚无的行为。摆烂的人无法通过内卷去完成自己或家人的期望与目标，就通过抛弃期望和目标去反抗。摆烂的虚无性质会抹杀生命的意义，使一个人变成只会娱乐的行尸走肉。

他们不仅要高度依赖摆烂的生活方式，而且只有通过摆烂才能使自己内心维持安稳，才可以像"正常人"一样活着，但也仅仅是像"正常人"。摆烂的人以为自己是在反抗社会的共识标准，其实他们内心中依旧有一个和社会一样的衡量标准，他们反抗的是他们自己。说白了，不摆烂，他们就会变成真正的"废物"，不再是（在他们标准里的）一个有社会位置的人。摆烂这种思维方式也是病态的，也是背离幸福的，固然也不可取。

由于内卷和摆烂在现实中大量存在，人们也就将其视为平常了，摆烂甚至被一部分人看成对压迫的反抗而正面化，内卷被看成努力奋斗的行为规范。学生在这种范式里定义自己，一个人不是通过摆烂反抗，就是通过内卷证明，两种病态催生了很多不该发生的悲剧。

我经常提醒自己不要被这两种定义规制，无论是来自我自己，还是父母或学校或社会，我的理想抱负以及实现的道路和作为，首先要源自本心，其次才是家庭和社会的要求，并以积极态度尽力使多方达成一致。既不裹入内卷自我剥削，变成"项目主体"，也不摆烂逃避，掉进生活的虚无主义陷阱。很小时老爸就告诉我："结果并不重要，过程最重要。"这一度被我当成长辈的无聊说教，将其快速忽略了。现在我明白了这话的真正含义："结果并不是过程的目的，而是过程之后必然出现的。"我废寝忘食、努力学习，不是一定要考上"211""985"，而是我真的喜欢学习，在学习过程中，我真的能体会到见识增长、视野开阔、境界升级的爽快，而这一过程的结果一定能导致实现所谓的目标，只要你想要那些名利。是否努力追求名利也只是附加在幸福上的概念，幸福本身并不包含这一点。追求名利还是淡泊名利都可以成为通往幸福的辅助手段，而不是幸福本身，所以不能成为目的。

我的生活里不缺竞争，这是促进我作为一个人成长必需的训练。每天看书、写作业、上网浏览，每周参加课外班和学校的社团活动，每年参加学术竞赛和社会考察，都加快了我走向理想的步伐。我从喜欢理论物理到喜欢哲学，没有考虑上大学、选专业、找工作，有朋友提醒我，想在理论物理方向有成就比当奥运会冠军都难，甚至老爸也开玩笑说，研究哲学要家里有矿才行。理论物理和哲学的确比较烧脑，但却带给我很多快乐和满足。因为喜欢理论物理，我可以接受微积分的"难"；因为喜欢哲学，我乐于考证历史的"乱"，很多枯燥、熬人的课程也都变得丰富和轻松。学生的幸福感从哪里来？其实还是从学习中来最实在。上个月，我有幸线上结识了牛津大学哲学研究员克雷格博士，我们每周一次讨论认知科学与哲学，每次约定讨论一小时，但往往过了两小时还意犹未尽。讨论不仅对我学习帮助极大，也让我体验了学术研究带给人无以言表的快乐和满足。

我好像身处内卷与摆烂之间，发自内心地围绕自己喜欢的事情，兼顾家庭和社会的要求，安排自己的学习和生活。我知道将来的功利是这一过程的结果，但那也只是置身社会的一个标签，最大成果应该是富饶的精神殿堂给人的幸福归宿。如果说初高中学生拥有第三种状态，我觉得上述的状态就挺好。总而言之，于我来说幸福很简单，就是本心出发不忘自我，高高兴兴做必要事，认认真真做一个人。

  德国哲学家海德格尔说，我们现代人是"猎人"，去积极寻求结果与自然互动，但并不存在于自然之中。猎人们对于猎物是如此专注，以至于忘记了存在。而正常的人应该是农民，存在于山和大地之中，遵循着自然法则而不忘记自我的存在，农民们真正生活在世界里。我想做一个农民，不过度专注于我的猎物，以至于忘记了我的存在。老爸的智慧使我意识到这一点，《无教育法》这本书的理念和方法，我认为是从家庭教育的现实角度解读了海德格尔的哲学语言，老爸老妈也是通过它陪育我长大，使我成为一个健康幸福的年轻人。

刘泰成　2023 年 9 月于北京